如何持续写作

开始了就停不下来

维忆——著

YUANFANG 远方出版社

图书在版编目（CIP）数据

如何持续写作 / 维忆著 . -- 呼和浩特 : 远方出版社 , 2024.10
ISBN 978-7-5555-1794-8

Ⅰ . ①如… Ⅱ . ①维… Ⅲ . ①写作学 Ⅳ . ① H05

中国版本图书馆 CIP 数据核字 (2024) 第 039538 号

如何持续写作
RUHE CHIXU XIEZUO

著　　者 维　忆
责任编辑 武舒波
封面设计 小徐书装
版式设计 宋建忠
出版发行 远方出版社
社　　址 呼和浩特市乌兰察布东路 666 号 邮编 010010
电　　话 （0471）2236473 总编室　2236460 发行部
经　　销 新华书店
印　　刷 唐山富达印务有限公司
开　　本 880mm × 1230mm 1/32
字　　数 150 千
印　　张 7
版　　次 2024 年 11 月第 1 版
印　　次 2024 年 11 月第 1 次印刷
标准书号 ISBN 978-7-5555-1794-8
定　　价 48.00 元

序

26年前，文芳是我的学生；26年后，读到这本书，我成了文芳的“学生”。一个老师最大的幸福莫过于拥有值得自己尊敬和崇拜的学生！

文芳拥有写作的天赋并且一直痴迷于写作。她因写作改变了自己的命运，也因写作收获了丰盈的人生，真心为她高兴！

文芳的这部著作是一本在新时代自媒体背景下的写作专著。它应时而生，与时俱进，必然对新时代的每一位读者具有真正地指导意义。它本质上是讲述了文芳写作路上的一段故事，通过现身说法，传道受业解惑。文芳在书中反复强调“每个人都可以成为作家”“书不是写出来的是活出来的”“写书是可以用来自我治愈的”等这些极富启发性的观念。整本书的企图就是通过毫不保留地奉献她极具时代感的写作经验、知识、技巧和智慧，不遗余力地去唤醒每一位读者生命里潜藏的写作能量，成就他们的人生。

因此，文芳的这本写作专著对中学生来说更是一本点燃他们青春梦想的佳作。作为一个从教26年的中学老师，我要向我现在的学生郑重推荐这本书。

北京师范大学株洲附属学校中学高级教师　叶祯波

前言

你好，谢谢你打开我的这本书。

无论你是因为什么原因打开的这本书，此刻都请你相信，你已经是一名作家了。这就是我在写作领域能取得一点小成绩的秘诀，因为我们永远都得不到自己不相信的东西。

2016 年我开始写作，那时我还在上班，当身边的朋友知道我在写作，都非常不理解，包括我的家人，他们都认为我不好好上班非要搞什么写作，脑子肯定是坏掉了。但我很清楚，我一定会成为一名作家，这个笃定的信念，从 10 岁那年我被文字打动后，就深深地埋在了心里，从未消失过。

所以，如果你也有一个作家梦，你也和我一样，从小语文特别好，渴望出一本书，那么请你坚定信念，你一定能成为一名作家，只是暂时还没有写出作品而已。哪怕你看到我这本书之前从未写出过一篇文章，也请你相信我，你一定会写出属于你的一本书。

这点特别重要，因为和我一起学习的文友，其中 99% 的人之所以终止甚至放弃写作，就是因为不相信自己的文字真的可以被发表，出书更是不敢想。而不敢想的背后，其实就是不自信，不认为自己写的作品会有人喜欢，也就是不认为自己会被人喜欢。

同时，我认为文章不是写出来的，而是活出来的。也就是说，你如果始终无法持续写作，除了你内在不自信，还有一种可能，就是你的日子本就过得平淡。

就说我吧，我之所以能够源源不断地输出，是因为几乎每天我都在自我迭代，脑子里有很多观点想要和大家分享，大部分文章都是一气呵成，真正体验到了下载式写作。很多时候我坐在电脑旁边开始敲打键盘，我的脑子里没有想太多的东西，文字就一个一个地跑到我的文档里。

这里的自我迭代背后，其实是我从未停止对这个世界的探索，去不同的地方、见各种各样的人、读书、追剧……我的文笔并不华丽，但我的每一个文字都是从我心里跑出来的，有温度有力量。

除了这些，我们还需要能够管理好时间、精力、情绪等，写作其实是一门综合的艺术，只要你开始上路，就会发现前方有无尽的宝藏待你挖掘。

当然了，市面上关于写作的书非常多，我也受到很多书的启发，在我的这本书中，我将自己的写作心得和方法进行总结分析，提出了写作“六力”模型，分别为认知力、技巧力、输入力、时间力、持久力、变现力，这“六力”缺一不可。

“六力”模型

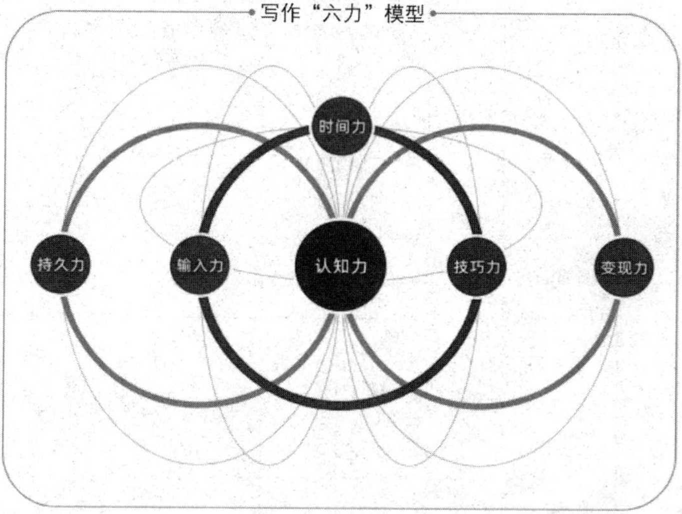

本书就是围绕着“六力”模型展开的，并且在每一个章节结束后，设计了对应的练习，相信一定能让和我一样热爱文字的你，重启你的写作梦。

在正式开始读这本书之前，你可以按照如下表格，对你目前的写作“六力”打个分，当你读完这本书的时候，可以再打个分，看看分数会不会有所变化。

写作六力模型自测表

		分数	现在分数	期待分数	具体技能的现状（比如输入力，只会追剧，但是不会把剧中的内容用到写作中）	备注
已经具备（40分）	认知力	10				
	输入力	10				
	时间力	10				
	持久力	10				
需要学习才能具备（20分）	变现力	10				
	技巧力	10				

我将“六力”模型分为已经具备的和需要学习才能具备的。“六力”每一个力为10分的话，其实我们大部分人已经拥有40分了，我们一起来看一下。

	分数	具体能力
已经具备（40分）	认知力10分	人人都能写作，没有人是写作小白
	输入力10分	喜欢看书、追剧、刷短视频、和人聊天
	时间力10分	会妥善安排自己的生活和工作
	持久力10分	对喜欢的事情能够坚持去做

续表

需要学习才能具备（20分）	变现力10分	清楚知道写的文字如何变现
	技巧力10分	会写能变现的文章

读到这里，你可以给自己打分了，如果你还是觉得自己其实在写作领域是小白，什么都不懂，那我就再给你举个宝妈的例子，一起来看一下。一个特别普通的宝妈，她也已经具备一定的写作技能了，只是很多宝妈都不知道。

	分数	具体能力	具体打分
已经具备（40分）	认知力10分	人人都能写作，没有人是写作小白	
	输入力10分	平时喜欢看如何陪娃的书，刷美食视频、和其他宝妈聊天、喜欢八卦	
	时间力10分	空出时间给自己	
	持久力10分	坚持接送孩子、坚持给孩子做饭	
需要学习才能具备（20分）	变现力10分	知道写作能变现，具体如何变现不清楚	
	技巧力10分	平时会写日记、写朋友圈	

这只是一个初步的练习，这本书后面的内容，会非常详细地帮你拆解“六力”，比如时间力，你平时就是一个时间管理达人，时间管理做得特别好，当你开始写作时，就可以把这个管理的技巧和方法与写作结合，那你一定能有特别多的时间来写作。

如果你是一个很善于坚持的人，那你在写作路上一旦开始，也就更容易持续下去。

此刻不管你打多少分都不重要，重要的是，通过这个练习，你能明白一个道理，那就是，没有人是写作小白。

当然了，如果你从未想过要成为作家，而又恰好看见了我的这本书，也希望你能开始写起来。相信我，写作会带你去往一个你从未去过的世界。如果你是已经出版了一部或者多部作品的成熟作者，而且你在持续输出方面没有任何障碍，那么你就可以把我的这本书放到一边了。

好，那就让我们一起来看看，到底如何才能开启快乐写作，直到你写出人生的第一本书吧。

目 录

第一章

认知力——性价比极高的自我投资

从2016年开始自媒体写作，到开办写作课、做一对一咨询、服务私教学员，我发现很多文友其实和我一样都很热爱写作，渴望自己的文字被看见，也很清楚写作是打造个人品牌最好的途径之一，也完全可以把写作当成自己的副业。但有一部分文友写着写着，依然会因为没时间、没灵感等各种各样看起来非常合理的理由终止写作。

在和至少1000名以上的文友深度交流后我惊讶地发现，其实很多人在学习写作之前，并没有认真想过自己为何要写作，也不清楚写作对自己来说到底意味着什么，也有人觉得自己文凭低，根本不可能写出好作品，更有人担心自己出书有名后会有很多烦恼……

有些人仅仅是因为小时候作文写得好，然后发现如今写作可以变现，所以也想试试。更有的学员是压根不喜欢写作，只是因为身边很多人都在学，所以就想跟风。也就是说，大部分人都想通过写作得到一些什么，所以才开始写作。其实这从一开始就错了，并不是你特别想要得到什么而开始写作，而是你要先开始写作，才有可能得到什么。

《有钱人和你想的不一样》中有这样一句话："看法决定做法，做法决定活法"；《成为作家》中也提到，写作障碍之一，就是他们被宣判根本不适合写作。所以你如何看待写作这件事本身，才是决定你能否持续写作的根本原因，我将其总结为认知力，也是"六力"模型中最重要的一环。

所以在第一章我将从认知的角度和大家聊聊写作。在我的写作课上，我也是先讲这部分内容，在我看来，如何看待写作才是让大多数人写作之路举步维艰的真正原因。

相信我，当你耐心地看完这一章，一定会颠覆你很多原有的观点。

第一节 书写者要具备写书思维

是的，你没看错，每位书写者都要具备写书思维。写书思维是一种思维方式，并不是说只有写书的时候才需要具备写书思维，而是如果你想要在写作这条路上一直走下去，就一定要具备写书思维。

所谓写书思维，就是要从写一本书的角度来看待一切，具体包含 3 个方面：系统思维、空杯心态、信任自己。

首先来说系统思维。无论是写文章还是写书，都需要就一个主题进行系统阐述。所谓系统思维就是把认识对象作为系统，从系统和要素、要素和要素、系统和环境的相互联系、相互作用中综合地考察认识对象的一种思维方法。

就以我这本书为例，主要阐述的是一个写作新手如何从一个字都写不出到写出一本书，那么这个“系统”就是如何从一个字都写不出到最后能写出一本书，其中的每个章节都是一个要素，一共有 6 个要素，我要把 6 个要素和系统之间的关系阐述清楚。

当然，不是说你写一篇文章或者写一本书，要把所写的问题都彻底弄明白，如果这样的话，恐怕就没有人敢写作了。一篇文章和一本书一样，都会受到作者的人生阅历、思想境界、学识积累等因素的影响，每次书写我们只需要做到自我认知范围内的最高水平就可以了。

其次就是空杯心态。所谓空杯心态，在心理学概念中是指如果想学到更多学问，先要把自己想象成“一个空着的杯子”，里面都没有装任何东西。

也就是说当你写完一篇文章或者一本书的时候，就等于把你在文章或者书中阐述的相关内容已知的部分全部清空了，这样更有利于你装进新的知识。

最后就是信任自己。很多文友之所以在写作路上无法持续，或者不敢开始写书，其实从某种程度上来说是不信任自己，不相信自己的文字会有人看，不相信自己真的能出书。而一旦有了这样的想法，你距离出书就真的很远了，要知道信念的力量远超乎我们的想象。

莎士比亚说过这样一句话：“对自我不信任，还会信任什么真理。”如果你对自己的文字都不够信任，那又怎么能够写出影响更多人的文字呢？

还有一种情况，很多文友写到让自己不满意的部分，就没有勇气写下去了，其实，越是这种时候，越要写下去。写作其实是一种特别有效且成本低的自我疗愈方法，当你把让你不舒服的都写出来，或许就能和它和解了，所以一定要信任自己可以最终战胜自己。就像《不安的时候，坐下来写》这本书中提到的，写作就是要敢于扰乱自己的内心，扰乱才有可能理顺。

总体来说，一旦拥有写书思维，你就会发现，不管是写文章还是写书，都会变得越来越轻松，出书离自己也不会那么遥远了。

第二节　写作者需要具备的技能框架

每次开课前，学员问我最多的问题就是：我只有中专文化，我能写作吗？我十几年没写了，我能写作吗？我是做程序研发的，我能写作吗？甚至和我一起做自媒体写作的文友，文章已经写得非常好了，还是会认为自己离出书太遥远，想靠写作养活自己、成为自由职业者不太可能。

这里有个认知，就是很多人以为写作要满足一些条件。其实人人都能写作，美国作家、教师纳塔莉·戈德堡在《不安的时候，坐下来写》中就说过：人人皆可书写，正如吃饭、睡觉一般自然。如今科技如此发达，哪怕你不会写字，语音转文字就可以了。但随着我们一点点长大，不知道从什么时候开始，我们对自己有了非常多的限制。

当然，我们想要在写作这条路上走下去，变现、出书、成为专业写手，的确需要掌握一些技巧，因为写作也是一个技能，任何一个技能都会有专属的技能框架，我将写作的技能框架分为基本素质、通用能力和专业技能 3 个部分。

基本素质就是每个人的性格特质、行为习惯、意愿动机等，以我为例，我从 10 岁发愿要成为一名作家，所以在写作这件事上我的意愿度就非常高，不需要任何人激发我的写作动机。

通用能力就是观察能力、感受与发现能力、描述能力等，还以我为例，我从小感受能力就特别强，能够敏感地捕捉到身边的人和事。有些人观察能力很强，有些人在这方面就会弱一些。

而专业技能就是指写作能力了，比如，不同的文体有其具体的要求，书评和讲书稿写法是不同的，自媒体的故事和小说的写法也是不同的。

我将其总结形成了一个表格，具体如下。

分类	具体技能
基本素质	性格特征、行为习惯、天赋、意愿动机等
通用能力	观察能力、阅读能力、感受与发现能力、形象思维能力、逻辑思维能力、描述能力、联想能力、想象能力、抽象概括能力、立意能力、构思能力、商业能力等
专业技能	写作技能

从表格中不难看出，基本素质和通用能力，每个人多少都具备其中的一部分，而写作技能就算完全没有学习过，其实我们或多或少也是会写文章的，所以说，不是没有学习过写作、没有写过文章，就完全是零基础，这里涉及一个概念、叫作技能迁移。

古典老师说，技能可以在不同职业领域迁移。也就是说，我们能把自己其他领域的技能迁移到新领域，持续叠加形成新的优势，据说这也是牛人们在很多领域都做得很好的秘密，技能迁移应用最好的就是美国的前总统里根了。

他在大学期间锻炼了自己的领导力与演讲能力，然后就凭借演讲能力成为播音员，在做播音员期间抓住机会展现了表演才能，又凭借表演能力成为演员；当战争来临，他又在军队中以演员身份成为电影演员协会主席，并利用主席的名声成为主持人，赚钱的同时，获得商业经验和公众注意力。最后，他带着这些经历，55 岁进入政坛，成为总统。

用在写作上来说，具体怎么理解呢？就是说，当你决定开始学习写作时，千万不要定义自己真的就是零基础，而是要认真想一想，你过去的技能中有哪些是可以迁移过来的。

为了便于你更好地判断自己已经具备了哪些技能，我也专门设计了一个表格，你可以将自己已经具备的技能填写在“已经具备的具体技能”中，并且写出来迁移到写作上的具体呈现。

为了让你更好的理解这个框架，我结合自己的实际情况，来示范一下，我们是如何将原有的技能迁移到写作技能的。

分类	维忆已经具备技能	迁移到写作技能上
基本素质	从小作文写作得好，10 岁发愿当一名作家	得清楚自己为什么写作，开始学习后意愿很强烈
通用能力	平时喜欢一个人呆着，看书，思考，也很容易被别人的故事感动	喜欢思考，所以写作的时候就会有自己独有的特点，容易被别人的故事打动，所以就有很多故事素材可以写
专业能力	持续在写日记，工作的时候经常写会议纪要、项目方案	写日记让自己有一定的语感基础，写会议纪要和项目方案锻炼了自己的写作逻辑

看完我的写作技能框架分析，你也可以结合自己的实际情况，把自己想到的直接填写在下面这个表格中，通过这个过程你会发现，其实你已经具备很多写作的能力了，并不是什么都不懂。

具体表格如下：

序号	分类	具体技能	已具备技能	迁移到写作技能	备注
1	基本素质	性格、行为习惯、意愿等			
2	通用能力	观察能力、沟通能力、感受与发展能力、形象思维能力、逻辑思维能力、描述能力、联想能力、想象能力、抽象概括能力、立意能力、构思能力、商业能力等等			
3	专业技能	写作相关的技能			

为了让你更好地理解这个技能框架，我再以一位普通的宝妈为例，来看看她其实具备了哪些写作技能。

分类	宝妈已经具备技能	迁移到写作技能上
基本素质	喜欢看各种文章，喜欢分享	因为喜欢看也喜欢分享，写作的时候会更懂用户
通用能力	有爱心，感受能力和发现能力比较强	因为感受能力和发现能力比较强，在写作的时候，会更容易发现生活中的素材
专业技能	会写日记，会写每日的规划，会辅导孩子写作文	写日记，写规划，就有了一定的语感基础

我还有位学员是某银行退休人员，退休后开始学习心理学，同时也跟我学习写作，她的技能迁移框架迁移表就是这样的：

写作技能框架自测表

序号	分类	具体技能	已具备技能	迁移到写作技能	维忆老师回复
1	基本素质	性格、行为习惯、意愿等	热情、好奇心、勇于尝试	对写作好奇，对文案写作有意愿	热情、好奇心这两个特质，会非常有利于你的创作，因为这两个特质，会让你对身边的人、事、物有觉察。你就会有源源不断的创作灵感和素材
2	通用能力	观察能力、沟通能力、感受与发展能力、形象思维能力、逻辑思维能力、描述能力、联想能力、想象能力、抽象概括能力、立意能力、构思能力、商业能力等	善于观察环境。发现有趣的事。善于分析，逻辑清晰，能清楚描述，有一定的联想	感受与观察生活，收集素材。运用逻辑思维能力建立文章的故事线。有自己独特的描述方式描述	有自己独特的描述方式这一点，会让你更快行成自己的文字风格。相信你的文字，一定会有自己的能量
3	专业技能	写作相关的技能	金字塔写作原理	把工作中流程式的写作，变为故事的主线	初学写作确实需要框架，然后我们再忘记框架，然后再形成自己的风格

这样的自测表，会让哪怕第一次接触写作的文友，也会清晰地看到自己到底具备了哪些写作技能。

正是因为我理解了技能迁移的应用，所以我的写作课是将新媒体文章和文案融合在一起讲的，包括书评、讲书稿、写书等，因为从迁移这个维度来看，会写自媒体文章的人，部分技能就能迁移到文案创作上，比如取标题，都是可以蹭热点，都是需要有数字，都需要对比，其实是非常类似的，只是文章结构略微有些不同而已。

所以，就写作这项技能而言，没有人是零基础，你可以对照技能框架表，看看自己有哪些技能可以迁移到写作上，也就非常清楚自己需要学习的具体技能了。这就好比盖一座楼，我们需要先有整体的架构，接下来才是具体施工。

第三节 写作的底层逻辑——你对这个世界有话说

到底什么是写作？各种各样的答案都有。在我看来，所谓写作，就是把你对这个世界要说的话，用文字表达出来，当然这个世界也包括你自己。而写作的底层逻辑就是你要对这个世界有话说。

换而言之，当你觉得自己不知道写什么，其实很有可能就是你对这个世界没话说。

在我写作的这 6 年多时间里，曾经好几次，我也发现没有什么可写的。最长的一次有 3 个月左右，那段时间，家里发生大的变故，超出了我自己的认知，残酷的现实直接把我击溃了。

在那段日子里，我认为所有的道理都是骗人的，对于未来也是一片空白，我不知道路在何方。所以每次打开电脑，只会流眼泪，却一个字都敲不出来。如今回忆起来，其实就是内心完全没有力量，对自己都没有话说，更别提对其他人、对这个世界了。后来通过各种努力，我重新找回了力量，才又开始写作。

所以，写作其实就是内心有很多的爱、想法，你想要告诉那些你想要影响的人。所以我每次写作，经常会感觉对面坐着一个人，我就是把我想对他说的话写下来而已。

就好比此刻我在写这本书，我知道有很多人希望能出一本自己的书，看到自己的文字被印刷出来，却因为各种原因而无法开始，抑或开始后也无法持续，而我做到了。我从2016年开始学习自媒体写作，2019年出版了人生的第一本书，这是我的第二本书，而且我很笃定未来还会有第三本、第四本……所以我想把我的经验总结出来，帮助到需要的人。

当你开始有想要表达的欲望，你就能写作了。反之，如果觉得没什么好说的，这种状态下写作确实是很痛苦的。

当然，具体问题还是要具体分析，有的人是真的没什么可说的，因为在以往的生活中，对周围的一切和自己都没有任何的觉知，日子过得稀里糊涂。这样的情况就需要先提升自我对世界的觉知能力，尤其是对自我的觉知。如果你是这种情况，这本书能帮到你的就仅限于让你知道这件事。

而有的人是不知道自己其实有很多可以说的。等你读完这本书，相信这个问题就能迎刃而解了。我有个私教学员，她在生完二胎之后选择回归家庭。为了陪孩子玩游戏，她也会系统地去研究如何更好地形成一个体系。在我看来，她研究的过程以及研究出来的方法，都能很好地帮助到很多新手妈妈。因为不是每个妈妈都能完成那么系统的研究。当我告诉她，这些她都可以写出来，甚至可以出一本书。她很兴奋，说不知道原来这些内容会对大家有帮助。

我还有个朋友，她特别热爱打造各种各样的空间，平时也很热衷总结和分享很多和开店相关的干货。我鼓励她可以把自己这些年的经验总结出来，形成一本书，因为拥有一家店尤其是咖啡店，是很多人的梦想。在我和她说之前，其实她是没有意识到自己的内容会对别人有帮助的，她也是典型的有很多内容可以输出，但是自己并不知道。

所以，当你发现没有什么要说的时候，可以问自己几个问题。

（1）朋友找你帮忙最多的是什么事情？

（2）你最喜欢做的是什么事情？

（3）朋友最喜欢赞美你的是哪一点？

（4）你做得最久的一件事是什么？

把这几个问题的答案写在纸上，每个问题答案不限数量，能写多少就写多少。以我为例，从小到大，朋友找我帮忙最多的事情，就是找我写东西。小时候有同学不擅长写作文，碰到写不出来的，就会来问我，大学毕业到了工作岗位，公司里与文字有关的事情，都会分配给我。

这些年我写过公司简介、品牌故事、创业故事等，我还曾经帮朋友写过各种申诉，其中一个我记忆很深刻，朋友申请购房被拒，申诉材料就是我帮忙写的。

身边熟悉的朋友，但凡有和写作相关的，都会找我帮忙，所以我也就越来越笃定自己在写作方面真有天赋了，我现在的事业也是围绕着写作，这本书也是和写作有关的。

幸运的是，我最喜欢的事情、做得最久的事情、朋友最喜欢赞美我的都和写作有关。每个人都不同，所擅长和喜欢的也不同。通过这几个问题，就能够找到你擅长并且也热爱的那个领域，你一定会有很多话说。

你要记得，当你找到你想对世界说的话，写作就是一件自然而然的事情了。

第四节　写作的 3 个错误认知

如果你恰好翻到这一页，那么请你合上书，闭上眼睛想一想，你怎么看待写作？能出一本书吗？不可能的原因有哪些？这些对写作的看法就是对写作的认知，你可以全部写出来，一定是这些想法或者其中的几个想法阻碍了你，让你迄今都没有找到写作的快乐，没有写出一本书。

基于我的经验，我发现对于一个写作新手而言，有 3 个错误的认知，基本上 99% 的人都会有，分别是：写作是需要天赋的、学会技巧就会写、学习了很多技巧就会写。

我们先来分析写作是否需要有天赋。人到底有没有天赋呢？肯定是有的。回忆下我们从小到大，身边一定有人记忆力特别好，有人学唱歌特别快，有人跑步很快，甚至有人学英语就很厉害，像我从小写文章就是很轻松，也会比同班级的人写得都要好。作家毛姆很早就意识到自己有一种写作的天赋，他说过自己天生富有洞察力，拥有写对话的诀窍……写作对他来说就像呼吸一样自然。

那么，什么是天赋呢？百度百科的解释是：天赋即天分，是成长之前就已经具备的成长特性。在某些事物或领域具备天生擅长的能力，而使其可以在同样经验甚至没有经验的情况下以高于其他人的速度成长起来，而且有它的独一性、特殊性。

这里有一点特别重要，就是在同样经验甚至没有经验的情况下，比别人的成长速度快。就是说，一个没有天赋的人只要努力，也是可以超越有天赋的人的。

我写作是真的有天赋，但之前有很多错误的认知阻碍了我，导致我在毕业后的前10年中止了写作，更别提出书了。而很多已经出书的人，有一些是从小不喜欢写作的，但他们后天持续努力写作而且抓住了一些机会，已经出了好几本书。

日本推理小说家东野圭吾在《确认实验不可能》这篇文章中也提到，他上学时语文学得很烂。这说明他也是没有什么天赋的，但东野圭吾热爱写作，27岁那年，东野圭吾凭借一本下班后挤时间写成的小说《放学后》站上日本推理小说界的最高荣誉之一——“江户川乱步奖”的颁奖台。

所以，天赋对于写作来说是重要的，但不是决定你能否出书的唯一因素。因为，通过后天的努力，我们也可以做任何想要做的事情，而且这是有科学依据的，在我们的大脑中有大量的被叫作神经元的细胞，它们彼此之间是通过突触传递信息的。如果把大脑比喻成一座城市，那么，神经元就像城市里的医院、商场这些基本的建筑，而突触就像连接这些建筑的道路。

这个知识点我们读书的时候学习过。因为每个人大脑中突触的数量和连接方式不同，加工处理信息的方法也不同，所以才有天赋之说，然而在我们大脑中的突触数量和连接方式其实是可以改变的。

人在胎儿阶段，大脑仅有万亿个突触中很少的一部分突触，

6个月的婴儿会产生比成年人多的突触，然后再选择性地消失一部分。在我们的脑神经系统中，每当我们有新的经历，不管是想法、感觉还是行动，神经元都会创造出新的突触。

这就好比你原来不会写作，但是当你开始学习了，你的这个新的技能就会被记入脑神经系统中，产生了新的突触，用来连接神经元。随着你不断重复相关经历，突触就会更加稳定。

写作是同样的道理，你持续不断地写作，这个技能就会被你掌握。所以，如果你曾经认为自己没有天赋所以无法持续写作甚至出书，从此刻起就请修正这个认知吧。

还有很大一部分人会认为，只有学会了写作技巧，才能开始写作，这也是一个错误认知。我就见过很多人，不断报名各种写作课，认为自己无法开始写作，是因为没有学好，所以就想要通过向不同的老师学习来提升自己的写作技巧。

其实，写作的方法就那么多。我在出第一本书以前，线上只上过汤小小老师的写作课，线下就参加过日本作家山口拓郎老师的商业写作课；在写这本书之前，我也只上过李欣频老师的写作课。因为我非常清楚，不是学习了写作技巧就能成为作家的，因为写作是创作，创作是根本教不会的。

当然，通过一定的技巧和方法，实现写作变现完全有可能，而且也可以出书，但在写作这条路上，不是懂得技巧就能一直持续下去的，最重要的是你要不断自我成长，持续写作，所以千万不要沉溺在学习中，走入另外一个极端。

最后一个错误认知就是认为学习了很多技巧就一定会写作，

并不是这样的。

《遥远的救世主》中，芮小丹曾对丁元英说过这样一段话，大意是：只要不是我觉到、悟到的，你给不了我，给了我也拿不住。只有我自己觉到、悟到的，我才有可能做到，我能做到的才是我的。写作也是如此，无论你学习了多少技巧，你得消化成你自己的，才是真的掌握了。

有个概念叫知道感，就是我们自以为把信息储存到了记忆中，自以为掌握了的主观感觉。事实上，如果缺乏足够的练习，我们学到的很多知识是不牢固的。这里有一个关键点，就是要多练习。所以相比不断上写作课学习技巧，开始写更重要。

而且，我们的学习要随着写作目标的不同做调整，而不同阶段的写作目标是不同的。2016 年我刚开始习作时，我的目标就是先写 10 万字，不管文章质量，不管读者是不是爱读，不关注阅读量，只是闷头写。唯一的指标就是文字的数量。我称之为“自由书写”。

后来我发现，自由书写对一个初学写作的人来说，确实是一种非常棒的方式，它能够克服对写作的恐惧，想写就写。但弊端是，会陷入一种只为写而不求质量的阶段。

于是在经历了一段时间的迷茫和自我怀疑后，我开始重新定义写作目标，我不再满足于自由书写，我希望文章可以给用户提供价值，想要更多人读到我的文章，因此我也开始选择老师系统学习写作，直到我出了一本自己的书。

后来我不满足于只写自媒体的文章，我想要继续提升自己的创作能力，想要写小说，于是我又选择继续跟着李欣频老师学习。所以，千万不要认为要学会很多技巧才能开始写，而是要一边写一边精进技能。

以上 3 个错误认知，你中招了几个？如果一个都没有，那么恭喜你，你距离出书又近了一步。如果你刚好中招，那就赶紧及时止损吧。

第五节　查杀你的写作木马

迄今为止，我们知道了写作者一定要有写书思维，也掌握了一名写作者需要具备的技能框架，而且也知道了写作的底层逻辑就是要对这个世界有话说，还了解了写作的 3 个错误认知。

这一节的内容就更加重要了，你可以一边读一边查杀自己的写作木马。

木马这个词对于大部分人来说并不陌生，电脑中了木马，就不能正常运转，其实写作也是同样的道理，只有查杀了木马，你的作家之路才能顺利开启。所以我推出的第一个付费服务一对一咨询，其中就包括写作木马查杀，结合和学员们、文友们的交流，我整理了 4 种最常见的写作木马，从具体表现和深层次含义两个维度进行阐述，你不但可以直接判断你是否有该木马，而且也能按照我建议的方法尝试查杀。

第一种：写作不自信木马

具体表现：对于自己输出的内容，从内心深处不够自信，所以容易受到数据和周围人反馈的影响，继而也直接影响到对写作目标实现的笃定性。比如，有人说你的文章写得不好，你就不敢继续写了，或者写了一段时间，发现数据不太好，就不想写了。

深层次含义：在写作方面不自信，其实也是自己不自信，渴求别人的认可。

解法：你写作到底是为了什么？你这一生最大的梦想是什么？可以深度冥想问问自己。

第二种：写作方向茫然木马

具体表现：不知道自己到底能在哪种类型的文章方面持续写下去。

深层次含义：其实是对自我写作方面的不自信，因为不自信，所以才会犹豫和摇摆，不知道自己要写什么。

解法：不论失败，最想写什么？

第三种：写作结果害怕木马

具体表现：不断征求其他人的建议。无论是对写作的方向还是写作的结果，都非常介意。

深层次含义：总是担心自己写的文字不够好。

解法：写出所有你觉得写作会带来的让你害怕的结果，当你想到这些时，你是什么感觉？

第四种：写作争赢木马

具体表现：就是想要文章被更多的人认可，想要发表，以此来证明自己写作的价值。

深层次含义：太在乎别人怎么看了。

解法：要问问自己，是为谁而写？到底是专心写自己想要写的文字重要，还是赢了重要？

那么，如何判断自己中了哪几种写作木马呢？我整理了 10 个问题，你可以一一回答，再对应前面的 4 种木马，你就能找到自己的木马了。

（1）一提到写作，你第一个联想到的是什么？

（2）一提到写书，你第一个联想到的是什么？

（3）你认为自己目前在写作方面最大的困惑是什么？

（4）你觉得读者喜欢你的文章，是因为什么？

（5）如果你瞬间成了畅销书作者，你觉得可能会产生的问题是什么？

（6）如果你在写作方面一直赚不到钱，你会觉得自己在写作方面没有天赋吗？

（7）如果你一直写不出一本书，你会怎么看自己？你觉得身边的人会怎么看你？

（8）记忆中，你身边的人对你写作是怎么看的？有没有特别的事件？

（9）关于写作，你最大的梦想是什么？

（10）你打算怎么完成这个梦想？你预估要花多长时间？你觉得这梦想若顺利完成了，可能是通过什么方式？

当然，木马并不等于都是不好的，很多时候我们只要转换一下对一件事情的看法就可以了。比如，写作争赢木马，因为非常在乎别人的看法，希望写作取得更好的成绩，从好的一方面来看，这更利于我们在写作路上用心研究技巧，持续输出，只是要时刻觉察自己的起心动念，是为了要向别人证明自己写得好还是自己就是真心想要写好？只要是自己内在需要的，争赢木马就会变成我们前进的动力了。

而且木马查杀需要持续进行，因为这些认知不是一天形成的，自然也不会瞬间就转变，我们需要在日常生活中时时觉察并且修正，直到彻底替换原有认知，所以我帮私教学员查杀木马之后，都会陪伴他们一起写觉察日记，这个方法你自己也可以试试。

第六节　思考维度决定了文章深度

每个人写的文字都是自己的所思所想，所以，你的思考维度决定了你文章的深度。

思考维度从浅到深可以总结为 3 个维度：现象、方法、本质，而对应输出的文章也就分为 3 个层次。其实写作的过程，就是日常我们所看到的，去伪存真、由表及里，从感性认识上升到理性认识，透过现象抓住本质。

第一层是现象。你看到了什么、听到了什么、感觉到了什么，就直接写出来，就像小学生看图写话，日常生活中你见到的真实的生活场景就是图画，你只需要把你看见的、听见的、想到的用文字表达出来即可。这种书写也被称为自由书写。

这个维度的练习你不需要想太多，只管去写，这样写下来的文字也是非常有意义的，就像我现在看小时候的日记，那会儿的生活就会非常清楚地浮现在我的眼前，如果没有文字，我是不可能有这样的记忆的。毕竟随着岁月的流逝，很多美丽的东西就会消失不见了。所以曾经有很长一段时间，我特别喜欢这句话：写作可以让你流逝的生命驻留下来。后面我也会有一节内容来阐述这一点。

而且，自由书写也是能够帮助写作新手打开写作流非常有效的方式，我曾在视频号直播间带大家做了 5 分钟的自由书写，很多原来写不出文字的文友，都在 5 分钟里写出了让自己都很惊讶的文字，甚至有文友每次能写 1000 多字。

这就是写作的第一个层面。如果你迄今无法开始写作，那就先从看图写话（自由书写）开始吧。

第二层就是方法。在第一层的基础上，总结一些对读者有帮助的方法论，就从现象这个层级跃迁到了方法，在不断总结方法论的过程中，还能锻炼自己的深度思考能力、系统思考能力等，这也是写作新手开始脱离小白写作的一个阶段。

以我自己为例，我的很多文章，最后都是有方法论的，起初是写职场成长类的，现在也会分享写作技巧，都是我结合自己的实际经验总结出来的。比如，这本书我不仅仅记录自己的写作过程，而且还将我从零开始学习写作直到出书的整个过程中践行的方法论总结了出来，在每一章都设置了小练习，这样大家在了解完相关理论后就可以直接践行了。

这就是写作的第二个层面，如果你已经打开写作流，就不愁没有东西写，那就要试着提炼一些方法论了。

第三层级就是看到事物的本质。透过你直观看到、听到、感受到的，不仅仅能总结出方法论，更重要的是能够深入剖析背后真正的原因，所谓透过现象看本质，就是这个意思。

记得刚开始转型为写作老师以后，我特别爱总结方法论，基本上学员问我的任何问题，我都能给出具体方法。2019 年下半年到 2020 年上半年，我每个月都会有公开答疑课，就是回答大家关于写作的疑问，后来我发现，大家问来问去，就是那些问题。

每个问题我都给出了方法论，大家为什么就不去践行呢？所以从 2020 年下半年开始，我不满足于总结方法论了，我开始思考，写作到底是什么？为什么我给出了那么多的方法论，大家还是无法坚持写作，问题到底出现在哪里？

后来我终于想明白了，其实好的作品不是写出来的，而是活出来的。那些掌握了很多方法但是依然无法写作的人，很大程度上不是方法掌握得不够好，而极有可能是他自己的生活本就乱七八糟的。尤其是要写成长励志类文章的，可能本人一点都不励志，更不善于思考，当然就写不出文章。这才是根本的问题。

从现象到方法再到本质，不同的思考维度对应文章的深度自然不同，你可以对照着这 3 个层级，看看自己在哪一层。

第七节　写作需要具备的 3 种思维方式

认知思维真的特别重要，对于写作尤其如此。这也是我持续写作 6 年最大的收获。前面我们讲了错误的认知，这一小节，主要是和大家介绍3种我认为非常重要的正确的思维方式，主要包括提炼思维、粉丝思维、目标思维。

先来看提炼思维，我是这么定义的：能够准确提炼文章的核心观点。我发现很多文友在刚开始学习写作的时候，说了一大堆也不知道要表达什么，要么就是想到哪里写到哪里，没有任何的逻辑，这都是不具备提炼思维的原因。

当然，如果你是写给自己看的，那就无所谓。但如果想要文章被更多人看到甚至想要出书，那么，无论是一篇文章还是一本书，都要有其核心内容，这就要用到提炼思维。为了更好地运用这个思维方式，我总结了一个方法，就是不断地问为什么、是什么。

举个例子，我曾经写过一篇文章《你会主动给自己洗脑吗？》，这个灵感就是缘起于我和一个轻创业伙伴的交流，她认为人和人之间交往应该是单纯的，不应该彼此有任何需要对方的地方，不然会显得太现实了。大多数人就当成一个普通的交流就过去了。但我很好奇，她这个观点是什么时候有的？又是谁告诉她的？她告诉我是小时候听一个长辈说的。

我当下就感慨，天哪，你还在用小时候的观点来面对如今的生活，这都什么年代了？接着就想，为何她这么多年，还是用小时候的思维方式呢？其实就是她自己不愿意被洗脑！于是就有了我这篇文章。

这其实就是应用提炼思维的具体过程，方法就是不断地问，为什么？到底是什么？直到最后问不出问题了，就是答案，而这个答案，就是文章的核心主题，一本书也是同样的道理。

第二个思维方式是粉丝思维，也有人称之为用户思维，就是从粉丝的视角出发，摸清人性的基本需求，以此为基点，设计制作相应的产品或服务，提供给粉丝，并根据粉丝的变化调整产品或服务的思维模式。

刘润曾经说过："写作这件事，表达欲很强的人是写不好的，写作的本质不是表达逻辑，是倾听逻辑。""倾听逻辑"其实就是听读者想要表达什么，然后替他们去表达。

而且，无论你写的是哪一种文体，都应该拥有粉丝思维，就是你要知道你的读者是谁，读者不同，你在写的时候，无论是选择的故事，还是里面的观点，都会不一样。

当我们明确读者是谁后，我们一定要特别留意，一篇文章，一定要让读者感受到你的贡献，就是说，我们不仅仅要考虑用户的感受，还要想想，用户读了我们的这篇文章，能得到什么好处？

而文章对读者的贡献，我认为可以分为 3 类。

第一类是提供情绪价值，就是心灵的洗涤、思想的升华等。

第二类就是帮助读者迭代认知，具体就是分享一些观点。

第三类就是给读者提供干货，具体就是分享一些技巧、方法之类的。

比如，这本书我传递了观点，也给予了具体的方法，当然如果我的真实经历能够唤醒你的作家梦，那也等于提供了情绪价值。你读完这本书，要么就是观点启发了你，要么就是有些方法你可以直接拿去用，再就是让你也开始渴望出一本书。

所以，我们每写一篇文章和写一本书，都要去思考内容对读者有什么贡献，不然，你就不如写给自己看。就像我学习自媒体文章创作的时候，在研究每个公众号调性时发现，每个公众号的用户受众不同，他们所需要的稿件也不同。

以我之前写过的一篇文章《写作干货：新手如何开始练习写作？》为例，我的目标用户群体就是新媒体写作新手，对于写作新手来说，虽然变现也很重要，但是开始写更重要。所以我的重点就是围绕着如何开始写，分享一些非常基础实用的方法，并且在文章的开篇就指出写作新手的痛点，这样目标读者被标题吸引来之后就愿意看下去，看完也会有获得感，这就是有粉丝思维的好处。

所以，在动笔写之前，一定要想清楚你的用户是谁，不能只写自己想要写的，而忘记考虑读者的感受。

第三个思维方式就是目标思维。

人生要有目标，那么每篇文章每本书也应该有目标，知道了读者是谁，了解了读者的痛点，你的文章就要给予读者价值，无论是观点的启发、具体的解决方案还是情绪的价值，总之就是要明确用户读完你的文章你的书，会得到什么。

比如，我写过一篇《写给又忙又焦虑的你：如何找到自己想要过的生活？（内含方法）》，写之前我很清楚目标就是要教会大家如何摆脱又忙又焦虑，并且找到自己想要过的生活。

所以构思文章的时候，我不仅准备了自己的故事，而且还把自己成长路上的经验总结成能够落地的具体方法，这样读者在受到启发后，就能结合自己的实际情况去践行，这篇文章也就有了意义。所以动笔前，一定要想清楚你的目标是什么。

具有不同思维模式的人，看待同一件事所得出的结论与所产生的行为，往往大相径庭。很多时候，一个人处理事情的逻辑和方法，才是决定他是否能做出成绩的首要因素。所以有句话说，掌握了正确的思维方式，才是逆袭人生的关键。写作也不例外。

当然，无论此刻你对于写作的认知在哪个维度，其实都是可以持续迭代的，我总结了两个方法，具体如下。

第一，持续学习并且通过写作来整理思维

知识储备是我们提升认知能力的基础，只有持续学习，积累不同的知识，然后通过写作来整理思维，才能够强化你的理解，让知识融会贯通。也就是一定要注重输出，写作就是最好的输出方式，只学习而不输出，知识还是别人的。当然也有人通过思维导图、视频来输出，不管是哪种方式，不断输出总是好的。

我们都是喜欢写作的，自然要利用好这个优势。当然学习的方式就很多了，看书、上课、请教牛人，这些都是有助于提升认知的学习方式。

第二，尝试做一些有挑战的事

尝试做一些有挑战的事情，跳出自己的舒适圈，会有助于自我认知的迭代。当初因为体检结果非常不好，我就计划去健身，身边所有人都告诉我，坚持下来太难了，去也是白浪费钱。

但最终我还是请了私人教练，持续了一年左右，身体各项指标都有好转，有一次平板支撑居然超过了 15 分钟，这一段经历让我对于身体和锻炼有了新的认知，而且结识了一群特别有意思的朋友，甚至想过去当健身教练。所以，如果听朋友的劝告不去健身，那我压根就不会有前面提到的体验。

所以，要勇敢地去尝试那些原本我们认为做不到的事情，因为当我们下定决心去做的时候，就会非常容易把焦点放在过程中，想方设法做到，这个过程中自然而然你就会对很多事情的看法都不同了。

认知迭代是一个持续的过程，先结合我分享的方法去践行，从中找到适合自己的方法，然后你会发现，你的文章越来越有深度。

第八节　写作让我们流逝的生命永久驻留

不记得是在哪里看到的这句话，有很长一段时间它都是我的座右铭，还被我放在朋友圈的背景图里。因为对于这一点我是有着切身感受的，迄今为止，我都保留着小时候的日记本和作文本（当然肯定有丢失），每次我读的时候都会非常幸福。当初我写的那些日记、作文、随笔，真心没有想过可以对别人有什么用，我就是把当时心里怎么想的记录下来而已。

《写作的零度》作者罗兰·巴特曾经在日记中写道，写作是为了回忆吗？不是为了自我回忆，而是与忘却的痛苦做斗争。因为忘却是绝对的，很快就没有任何痕迹了。不论在何处，也不论是任何人。这一点我特别有感触。在大学我第一次体会到爱情的滋味，写了很多甜蜜的诗歌，如今读起来，当年恋爱的情景依然历历在目。如果不是当初用文字记录下来，我的脑袋不可能记得那么多以前的事情，而且就算有一天我老到忘记了很多事情，依然可以重读我写的文字，随时回到我想要去的年龄。想一想，就特别美妙。

对于很多写作新手来说，最大的心理障碍，就是认为自己写的文章没有人看，对别人没有用，所以迟迟不敢动笔来写。其实你大可不必想那么多，只管去书写你心里想要表达的。李欣频老师说，她那本关于希腊的书压根没有想着出版，只是自己去了希腊一趟，觉得太美了，想要把文字和图片整理出来，她也没有去查找太多的攻略之类的，但出版后，依然有很多读者喜欢。

所以，对于新手作者来说，真的不用想那么多，就你的生命本身而言，就有很多值得记录的，只管去写好了。我记得有位前辈说过，教育就是生命影响生命。在我看来，文章也可以教育人，你只管去书写，或许有人会被你的某句话所触动，继而改变人生轨迹，这难道不是很有意义吗？有时候，太过于刻意追求的，不一定有用。

文字中驻留的岁月，相比照片、视频、音频，都会更加真实准确地记录当时的心境，而这些反过来也会激励我们一直写下去，我每次看到小时候的日记和作文，都会庆幸自己这些年没有放弃写作。所以我有个习惯，就是会定期看以前的作品，而想要在写作路上一直走下去，保留自己的作品定期拿出来看，也是一个不错的方法。

所以，如果你是新手作者，你可以想着先用文字把你当下生命中你不想忘记的点点滴滴记录下来。谁又知道这些文字会为你带来什么奇迹？而且很多作者的第一本书，都是基于过去累积了一段时间的文章而汇集成的，我的也不例外。我的第一本书，就是集结了我2018年、2019年写的自媒体文章。虽然有些观点，我如今看起来都不是很认可，但这就是我当初最真实的感受，也的确影响了很多人。

某种程度上，不仅仅是写作让流逝的生命驻留下来，其实生命驻留的过程也是我们写作的过程。这个过程让我们进行了生命的反刍、回味、提升、确认，这是自我教育的过程。不论将来你在什么时候阅读到自己当年写下的文字，相信你都会和我一样产生深深的触动。

所以写起来吧，不要想那么多，单就是记录生命历程中的点点滴滴，就已经非常有意义了！

第九节　文章不是写出来的，而是活出来的

有一段话不知道是谁写的，当我读到的时候，就特别触动我：不能写，不仅仅和词汇贫乏有关，更重要的是没有和精神世界充分建立起密切的关系。一个人能够持续不断地去发现这些生命中的别致与感动，并把它们用心写下来，那么他就是一个可以不断获得生命力量的人。

这里有一点，就是我们永远也写不出我们认知以外的文章，所谓文章的技巧和方法，其实是为了让你能够更好地表达你自己，

仅此而已。所以我认为“文如其人”，你写的文字得是你自己真正去经历去思考的结果。好文章绝对不是写出来的，而是活出来的。

身为一个持续写作者，除了持续不断地写作输出和输入，最重要的是，还需要一次一次冲破生命的障碍，让身心不断体验到重生。这也是为什么每个阶段我的文字内容都会有些不同的原因，对生命的理解和感知不同了，文字自然会不同。而这两者又是相辅相成的。

就算你写的并不是你的亲身经历，你也需要有切身的实际感受才行。严歌苓是我非常喜欢的作家，她为写好《第九个寡妇》两次跑到河南，日出而作日落而息，实实在在地做起了农民；为写好《老师好美》，她专程去做调查，花一个月时间和学生们一起上课；为写好《小姨多鹤》，她去了 3 次日本，在长野的一个小山村里住了很久，观察村民的日常礼仪、生活起居。

也就是说，你只能将你做到的、看到的、听到的、想到的形成文字。前面的章节我有提到，曾经我一度认为很多和我一样有写作梦想，但是无法持续写作的人，是因为不懂得技巧。然而到了 2020 年的下半年，我发现大部分人的写作卡住的时候，基本上生活也会卡住。

2010 年有几个月，我的写作也是磕磕绊绊，就是每天起来没有那种写作的冲动，但因为我内心有热爱支撑，所以依然可以持续写，但很多人原本就不够热爱，生活再不顺，就很难写下去了。

而当我花了 3 个月深度复盘、取舍、选择、能量调频，于是从 2021 年开始重新日更，而且定下来从那时每年出一本书的目标。

这让我越发深刻地意识到，其实好文章不是写出来的，而是活出来的。虽然我一直践行“文如其人”，但我意识到，其实文章是你真实状态的体现，这让我对文字又多了一层理解。

还有一个现象，其实也能很好地印证这一点，那就是很多原本能量就很高的人，他们是无须专门学习写作的，随便一写，可读性就很高。为什么？因为他们原本的生活就已经活成了很多人向往的样子。

所以，如果你的生活就是一潭死水，却试图躲在电脑背后去激励别人，真挺难为人的，除非你写的是科幻，同时那也是需要想象力的。

写作的心流状态就是那些文字已经在你的脑袋里，你只是通过敲打键盘这样一个动作将其下载到文档上而已。而如果你写的东西都是你不知道你不会的，需要一边学一边写，你说能不辛苦吗？当你没有力气学的时候，你就没有能力输出了。

所以，如果你写得很辛苦，你可以冷静地问问自己，是不是生活中也遇到了什么障碍？如果是，那就先经营日子，写作本就是你真实生活的另外一种体验而已。活好自己，你就能有源源不断的灵感和素材。

一个焦虑的人，怎么能够很轻松地写出教别人不焦虑的文章呢？一个把自己的家庭婚姻经营得一团糟的人，又怎么能写出有新颖观点的婚姻情感类的文章呢？动不动呵斥孩子的人，也很难写出有独特见解的育儿文。而更别提一个数十年如一日生活平淡的人，能写出主题新颖的观点文了。

当然不排除有人真能做到，但我敢说，就算能写出来，你写得也不会轻松，也会很辛苦。因为你要编，你的文字和你的真实生活是不同的。真正的好文章是，你把自己感受到的、思考到的，用文字表达出来，就像平时你对别人说话一样。只有你活好自己，才能源源不断地写出好文章来，因为你只需要把你的活法用文字写出来就好了。

就我个人来说，每一年我都会重新定义自己的关键词，所学的课程、阅读的书以及生活的重点都会不同，这都在我当年写的文章中体现出来。如今这个时代，就是一个个性化的时代，你越是有个性有自己的价值观，越是容易吸引到同频次的人。写作也是如此，我平时在文章中，都会很直接地表达我的观点。

之前我写过一篇文章《职场中，少说这 3 个字》，发到知乎后居然有 100 多条评论，大部分都是来骂我的。这也说明这篇文章写到了痛点，引发了大家的讨论。

《一本小小的红色写作书》中提到这样一个观点："个性化事例使文章更让人难忘。"对于这一点我的理解是，其实用户更喜欢拥有你个人风格的文章，而原本每个人的生命都是不同的，你只管写你自己想要写的就好了。

所以，文章不是写出来的，而是活出来的。

第十节　小练习

请找一个安静的地方，写下这些问题的答案。

（1）写作对你来说意味着什么？

（2）你的文字是写给谁看的？你希望用户能够通过你的文字得到什么？

（3）如果你一生一定要出一本书，那么这本书，你希望写给谁看？这些人能从你的书中得到什么？

（4）读完这一章节，从现象、方法、本质上，你分别获得了什么？

回答这些问题时要注意觉察你内心的感受，你是快乐的，还是纠结的？那些让你觉得很难回答的问题，是你未曾想过还是你以前就想过，但是没有找到答案？无论是哪一种情况，都从此刻开始，聆听自己内心深处的声音吧。

第二章

技巧力——让读者更能读懂你

以前我很排斥写作技巧，上学的时候开始写议论文，老师要求按照一定格式，我就很反感，不太愿意写。在我看来，文无定法，随心而写才是对的。开始写自媒体文之后，虽然我也用所谓的“套路”写作，但内心始终不是非常认可，直到发生了这样一件事，才彻底改变了我对技巧的看法。

那次我去武汉参加汤小小老师组织的文友聚会，当时有一名文友是手工包从业者，她说当她第一次走进制作手工包的课堂时，她发现并没有她想的那样可以自由设计包包，而是被要求先用既定的模具设计包包。她非常不理解，就问老师说：“难道我们不是应该学习如何自由设计手工包的吗？都按照模具，那每个人设计出来的包包不都是一模一样的？”

老师告诉她，手工包和其他包框架都是一致的，你不可能做一个平面的包包，那也放不进去东西啊，手工包的灵魂是在同一个骨架下发挥你的设计。

听完她的分享，我忽然就对文无定法和技巧有了一个更加透彻的理解。的确，写作是没有既定的套路和方法，但掌握基本的技巧是非常有必要的，就是说，你要知道手工包的基本框架，在这个基本框架上，你可以任意创作。

杰拉尔德·格拉夫和凯茜·比肯施泰因写的《高效写作的秘密》中就提到，作家之所以是作家，不仅因为他们能够表达有意义的思想，也在于他们掌握了一套基本写作技法，他们可能是通过广泛阅读其他作家的著作习得的。而新手不熟悉这些技法。所以那本书就提供了非常多的写作模板，当然作者也强调，模板只是初步的学习工具，而不是金科玉律。学成之后全部抛弃亦无不可，因为它们背后的技法已经成为你无意识写作的本能。

所以，写作者是需要掌握一定的写作技巧和方法的，目的是为了让读者更能读懂你，除非你是写日记，不公开，一旦你把文章发布到网络上或者出书，其实就是要让读者能够读懂。

就技巧而言，每一种文体都有其相应的要求，在这一章节我将会分享写自媒体的技巧，其中很多都是通用的技巧，而且我也希望你掌握技巧之后，可以不再用这些技巧。

对于写书来说，书其实就是由一篇一篇文章组合而成的，你学会了写文章就可以写一本书。所以我用 16 小节的内容来告诉大家，如何完成一篇文章，只要你掌握了这一章节的内容，你也就会写书了。

那就让我们一起开始学吧。

第一节　技巧力和作者内功相辅相成

从 2021 年开始，我写文章的时候不再喜欢分段，明确一个主题后就会一口气写完。有一次帮我排版的小伙伴把文章分了段，还给每一段取了一个标题，让我意外的是，她分得非常准确，标题取得也很贴切。这一方面说明这位小伙伴的文字理解能力非常强，另外一方面还说明一个问题，那就是我写文章的时候，虽然形式上不分段，但是内在已经形成了一个逻辑。

平时我写文章也不需要像刚开始那样一定要列提纲，但写之前提纲会在我的脑海中出现。

所以不是说学会技巧就万事大吉，写作技巧其实是和你的内功有关的，这里的内功指的是除了掌握写作技巧，还需要有其他的，比如，管理时间的能力等。认知力、输入力、时间力、持久力和变现力都可以称之为内功，只有同时具备其他 5 个能力，技巧力才能发挥最大的作用。

我写过一篇文章《写作干货：零基础公众号单篇阅读量近 5000，她只做对了这一点！》，说的就是闺密噜啦啦的故事。她是一个连续创业者，8 年做了 2 家公司、4 个品牌，她从未专门学习过自媒体文章的写作技巧，但她写了一篇文章《谁能想到突发状况下，老妈竟然给自己捡回一条命》，发布在新开通的个人公众号，阅读量居然很快就突破了 5000。

噜啦啦这篇文章最重要的是内容对用户有价值，而且她写文章的初心也非常正，希望借由妈妈的事情，给其他老人提供经验。噜啦啦以前是 Discover 的导演，她对于一件事的认知维度本来就很高，所以她妈妈的事一出，她立刻就能想到形成一篇文章分享出去。

再比如，有位文友，当初和我是写作课的同学，她的文笔也不错，文章还曾在当地的报纸发表。课程结束之后，她就因为各种原因没有继续写下去了，这就相当于缺了持久力。

我说这些是想强调，技巧力很重要，但也只是“六力”之一，所以你看完这一章掌握了技巧之后，不要着急就去写，而是要继续看完后面的内容，这样才能让技巧力更好地助力你的写作。

这些技巧都是我在实战经验中总结出来的，无论你要写哪种文体，大部分技巧都是可以通用的。

第二节 “炒菜法”让你一口气成文

写作新手最头疼的就是无法完整地写完一篇文章，但我从未有过这种烦恼，在我看来，写作就像我们炒菜一样简单，只需要3步，我为其取名为：炒菜式三步法。这个方法我在2017年就总结出来了，并且在2018年申请了“作品登记”，名称是“如何才能源源不断地写出文章”。这个方法至少帮助上万文友写出了人生第一篇文章，如果你也有这样的烦恼，一定能帮到你。

第一步：你要炒什么菜：找切入点，定主题

会炒菜的人都知道，第一步要先确定要炒什么菜。不同的菜，要准备的原材料和具体步骤是不同的。就写作来说，在动笔写之前，一定要明确主题。如何定主题，后面的章节我有专门讲到，都是我自己实践出来的方法，学习完就能上手用。

确定好要炒什么菜，心里要对炒菜的步骤很清楚，你得知道各种原材料分别都是什么时候入锅的，原材料入锅顺序不同，菜的味道肯定是不同的，这个环节对应到写文章就是列提纲。

很多写作新手经常忽略这一步，这很容易导致写的内容和主题无关，行文逻辑混乱。而当你写得越来越熟练，就无须列提纲了。

小结：第一步就是要定好主题，列好大纲。

第二步：准备炒菜所需原材料：筛选适合的素材

明确了要炒什么菜，第二步就要准备对应的原材料。你要做剁椒鱼头，那你就要去买鱼头，你不能去买条三文鱼，那是做不出剁椒鱼头的。写作也是一样的，当你明确了主题，就需要搜索适合这个主题的素材，包括故事和金句，你可以从自己的脑袋里搜索，也可以从你的素材库里挑选。至于如何积累写作素材，后面的章节会讲到。

这里有一点特别重要，就是准备的素材要和主题有关，写作新手在这一步很容易出错，明明写的是婚姻中男的要服软，案例却全是女的服软，这就相当于你要做剁椒鱼头但是你买了条三文鱼，自然是无法做成你原定的那道菜的。

小结：第二步就是要找到吻合主题的素材。

第三步：开始炒菜：动笔写

确定好了要炒什么菜，也清楚了步骤，准备好了原材料，最后一步就是炒菜了。对于写文章来说，明确了主题，列了提纲，素材也准备好了，接下来就是动笔写。写的过程中，不要管写得好不好，一口气写完，之后再慢慢修改。写作的具体技巧我在后面的章节都会讲到。

大部分写作新手就是卡在这个环节。哪怕是定好了主题选择好了素材，就是迟迟无法下笔。所以我会常常问我的学员，你在什么情况下，准备好了原材料却不开火炒菜？除非停水停电这样的不可抗力，一般情况下，就算你第一次做菜，或者今天要做的菜是你第一次做，你总要把菜倒进锅里吧？至于好不好吃另说，这一次做得不好吃，我们可以下次再做。

写文章也是同样的道理，最重要的就是一口气写完，千万不要一边写一边修改，很多新手刚开始写文章，每写一个句子，甚至每一个字都过于雕琢，写一句想一下，我这句话有没有什么不妥？会不会被读者反驳？用词还能不能更精准？

我有一个学员，她和我说，她经常会写到一半就开始担心："我这个论点会不会受读者质疑？我怎么感觉好像很容易被反驳。不行，我不能这样写。"这导致她总是无法完整地写完一篇文章。

我告诉她，写自媒体文章不是写论文，不需要面面俱到。如果我们写一句就雕琢一句，很容易造成思维涣散，打断自己的行文思路。

在《精进：如何成为一个很厉害的人》这本书中，有一个经典的图层工作法，原理是：我们要把工作拆解成几个模块，然后把同属性的工作模块集中在一起完成，这样可以避免任务转换时我们重新进入状态的时间损耗和精力损耗，甚至灵感损耗，代价太大了。写作也是同理，一定要先写完再修改。

如果此刻你已经理解并且掌握了这个方法，那恭喜你，从今天开始，你也可以随时开始写完一篇文章了。

当然，后面的内容会是一些特别具体的技巧和方法，会让你写得更顺手。

第三节　自媒体文章的类型以及8个属性

写作的概念是很宽泛的，我这本书中的技巧仅针对自媒体的文章。

什么是自媒体呢？自媒体（外文名：We Media）又称“公民媒体”或“个人媒体”，是指私人化、平民化、普泛化、自主化的传播者，以现代化、电子化的手段，向不特定的大多数或者特定的单个人传递规范性及非规范性信息的新媒体的总称。

自媒体平台包括但不限于博客、微博、微信、各大自媒体平台等。

我们先看一下自媒体文章和传统媒体文章的区别。

1. 发表的媒介不同

传统的文章一般都是发布在报纸杂志上，而现在都是发布在各个自媒体平台。人人都是自媒体。

2. 文章写法不同

无论是散文、议论文还是诗歌，到了自媒体时代，写法多少都有些不同。自媒体文章是有自己固定结构的，后面技巧的部分会展开来说。

自媒体文章的分类主要有两个维度，一个是文体，一个是具体写的内容。

从内容上可分为以下6类。

1. 观点型

就是以阐述一个观点为主的文章，具体包括育儿、婚姻，爱情，成长励志、职场等。针对一件事或者一个观点，你写出自己的看法。

比如，我写过《不懂变通，害死人》，就是说一个人如果过于呆板，不懂变通，往往会在很多事情上有一定的损失。

2. 干货类

干货类的文章就是客观地解释某一种现象，或者分享一些实用的技巧方法，告诉人们如何做某些事情。这类提供建议或教程的文章非常受欢迎，因为人们在互联网中搜索的一个主要目的就是解决问题。

3. 人物类

选择一个有特点或者有名的人物，结合其具体的经历，将你对这个人的理解用文章呈现出来，可以指出他是如何取得现在的成就的，也可以描述他所具有的特征。

4. 故事类

分为真实故事和虚构故事。有公众号就是专门发布故事的，比如“真实故事计划”，一般字数是3500字左右，写一个完整的故事就可以了。

现在也有很多文友都在写长篇小说，我也会在2024年写完我人生的第一部长篇小说。

5. 读书类

主要分为读书笔记、读后感、书评、书单、拆书稿和讲书稿。现在越来越多的人也喜欢写这一类文章，相对简单，因为都有固定的格式。

6. 复盘文

一般用于回顾过去，预测未来。每当年末或年初我们都会看到大量这种类型的文章。人们会在文章中进行“年度回顾”。你也可以在你所处的行业中挑选一件可能会发生的事情，然后就结局进行推理，并且预测未来会有什么样的发展，这个也属于复盘文。

从文体的角度来说主要分为四类，具体如下。

（1）自媒体观点文：包括观点类的和干货类的

（2）读书类的：读书笔记、读后感、书评、书单、拆书稿和讲书稿

（3）文案：长文案、短文案、种草文、各种试用体验。

（4）故事文：长篇小说。

了解了什么是自媒体文章以及自媒体文章的分类，接下来我们继续了解自媒体文章的属性，我总结了 8 点。了解自媒体文章的属性，能让我们更好地去理解和认识自媒体文章，所谓知己知彼，才能百战不殆，你要知道你学习的文体有什么特点，接下来你才能更好地学习。

1. 参与性或互动性

传统媒体上的文章采用的是广播的方式，信息是单向的传播。比如，我们在报纸上发表了一篇文章，作者和读者无法及时互动，读者也没有办法就文章即时发表看法。而自媒体文章的内容在用户和媒体之间是双向传播的，更好地体现了参与性，一篇文章发

出去，用户可以参与评论、反馈和分享，所以说，自媒体文章模糊了用户和受众之间的界限。

我们写文章的时候，要在文章中有一些能和读者互动的部分，这样读者就会更愿意参与和转发。而且一些和读者相关的话题，阅读量也会比较高。

2. 热点性

自媒体文章有个很显著的特征，那就是内容的实效性特别强。有一种说法，说自媒体文章的寿命只有 24 小时，就是 24 小时内如果文章不能引起反响和讨论，之后也就很少有人阅读了。所以，自媒体文章有个特点就是热点性。

只要你的文章和热点新闻、电影、电视剧等相关，阅读量都会比平时高，这种写作方法也叫作蹭热点。至于如何蹭热点，后面的技巧部分都会讲到。

3. 直接性

直接性体现在自媒体的文章一般都是通俗易懂的，而且篇幅都不太长。因为大部分读者都是在茶余饭后用手机看自媒体文章，如果你写得过于深奥、太长，就不符合碎片化阅读需求，容易让人产生厌烦情绪，难以读完。当然也不能太短，读者还没进入情境就结束了。

简单地说，自媒体的读者喜欢“短平快”的内容，就是简单直接。而且之所以要有直接性，还有个原因，就是因为大部分人阅读自媒体的文章，一般都是浏览到一篇文章，发现感兴趣就点进去看，并没有明确的阅读目标。这也是为什么在后面的内容中我们要单独讲如何取标题的原因，一个足够诱人的标题就是让用户提起阅读兴趣的基础。

4. 高效性

高效性就是指自媒体文章要能比较高效地传递出信息，通常情况下，一篇自媒体的文章不能超过2500字，最多不超过3500字。再长的话读者就会有阅读压力。

除了控制字数，也要尽量使用短句子，少用形容词，尽可能把文章压缩到不能压缩为止。这都是为了满足高效性，让用户在最短的时间获取最多的内容。

5. 快速性

快速性和高效性非常类似，高效性主要是针对内容传递方面，而快速性是指自媒体文章的观点更新是非常快速的，可能这个观点今天还刷爆了朋友圈，明天就已经过期了，所以就要求我们对内容的敏感度极高。一般自媒体人都是没有休息日的，只要有热点就要追。

6. 争议性

争议性就是指自媒体文章的观点要比较容易引发读者的异议。写自媒体文章，不要担心自己的观点不被认可，这个是很正常的，每个人都会觉得自己说得有道理。比如，之前有两篇文章，有一篇说刀子嘴豆腐心不好，伤害人，另外一篇说刀子嘴豆腐心挺好的，没啥不好。这两篇文章都说得非常有道理，有人认可第一篇，自然就会不认可第二篇的观点，这时就会引发争议。

所以我们不要指望观点能够迎合所有的人，一般来说，有争议的内容更容易吸引读者留言点赞和分享推荐。

7. 个性化

自媒体文章其实就是每个人发表的观点。就像人和人不同，每个人的文章都有自己的风格，这就是自媒体文章的个性化。

当你形成自己的风格后，读者一看就知道是你写的。比如，我喜欢的萧秋水老师的文章就很有个性，有自己独有的观点和行文风格，我基本上粗略一看，就知道是她写的。

8. 针对性

针对性是指自媒体文章的用户群体很明确，不同的内容对应的用户群体不同。比如，育儿的就是写给妈妈们看的，婚姻的就是写给进入婚姻的人看的，这就要求我们在写文章之前先定好我们的目标用户，这个我在后面技巧部分也会讲到。

掌握了 8 个自媒体文章独有的属性，我们后面学习具体的技巧就会容易很多。

第四节　悟透立意方式让你迅速找到好选题

无论你是写一本书还是一篇文章，选题都直接决定了这些文字的命运，一般来说，选题新颖的更容易被读者和编辑喜欢。对于自媒体文章来说，选题直接影响到这篇文章能不能成为爆款文。所以在开始动笔之前，一定要定好选题。

百度百科对选题的专业解释是：选题是出版社（或期刊社）对于准备出版（或发表）的图书（或作品）的一种设想和构思，

一般由书名、著译者和内容设想、读者对象以及字数等部分构成，它是编辑工作的基础。

直接点说，就是你具体要写什么。无论是一本书还是一篇文章，动笔之前，你都要有一个大致要写的方向。劳拉·布朗在《完全写作指南》中就说过，当你坐下来要写点什么的时候，你要很明确地知道自己的目标是什么，你希望达到什么目的。这和我们之前提到的粉丝思维、目标思维其实是一致的，也再次证明了主题的重要性。

那么如何才能快速找到要写的选题呢？我结合自己的实战经验总结了 3 个方法，一定能帮你找到一个适合自己的选题。

一、仿写标题法

这是我最喜欢用的方法，从字面意思上来理解就是去模仿其他人写的文章的标题，当然书也是一样的，也可以模仿别人的书名，这个仅限于文章标题和书名就是作品的核心主题。那种只是为了吸引读者的标题，压根和主题无关，这类的就不建议作为仿写的对象了。

具体方法是替换关键词。

举个例子，我的第一篇自媒体爆款文标题是：《我的前半生：闺蜜的格局影响着你的人生层次》。后来我模仿这个主题写了很多篇类似的文章：《父母的格局决定孩子的未来》《我的前半生：看一个人的结局，要看他有多大的格局》《女人的格局，影响着男人的事业高度》，用到的方法就是替换标题的关键词，一般来说，我们可以选择同时替换主语和宾语，也可以选择只替换其中一个。

还是用我的这篇文章来举例：《我的前半生：闺密的格局影响着你的人生层次》。你可以只替换主语，改为《父母的格局影响着你的人生层次》；或者替换宾语，改为《闺密的格局影响着你的未来》；或者二者都替换，改为《父母的格局影响着你的未来》。

你一定也发现了，一般情况下，谓语不变，顶多就是用近义词替换。我将这个方法分享给学员，大家反馈说确实能帮助自己比较快地找到选题。

所以，如果你不知道写什么，可以打开新榜、清博等这样的平台，也可以在你喜欢看的公众号去看看，找到喜欢的标题，用上面的方法，尝试替换你喜欢的标题中的关键词，就一定能找到想要写的主题。

书其实也是一样的，我在取这本书的名字时，就看了很多同类型的书，然后尝试替换主语和宾语，最终定下了这个书名。

当然，仿写标题法，不是让你去照抄人家的标题，而是借由对方的标题引发你的思考，继而创造出新的选题。

二、台词套用法

这个方法也是我常用的。无论是电影、电视剧、娱乐节目还是书，其中的语句都是被打磨过的，每句话都很经典，我们可以直接套用其中的话语，我称之为台词套用法。这个方法最关键的就是你要找到最触动你的一句话。

我举个例子：之前我写过一篇文章，主题就直接套用了韩剧

《迷雾》中的一句话“如果不走的话，我觉得我会常常后悔”，用来说明我离职的原因。

当初我刚离开职场全职写作，很多不理解的声音包围着我，也有关心我的人，好奇我为何做出这样的选择？我一时真不知道如何解释，刚好韩剧《迷雾》中有个情节，就是高慧兰有可能成为青瓦台新闻发言人时，她和上司就自己的去留问题有过一段对话，当上司问她，是否当真想要离开时，她说：“如果不走的话，我觉得我会常常后悔。”这句话当初就击中了我，我就借用这句台词写了一篇文章，向所有人解释我为何离职。

你也可以用名人名言做主题，这个方法的优势在于，名人名言本身就是非常经典的，所以写出来的作品会相对比较有深度，写作新手可以好好地利用起来。

所以，当你没有选题写的时候，可以翻翻名言金句，抑或刷刷剧，也许就能捕捉到一个非常不错的选题。

三、琐事提炼法

很多新手，开始都是无法全职写作的，要么是一边上班一边写作，要么就是全职妈妈在家带孩子，利用业余时间写作，无论是哪种情况，我们每天都不得不面对各种各样琐碎的事情。

其实从日常琐事中，我们也可以提炼出各种各样的选题，而且这些琐事也是非常棒的写作素材。

那么如何从琐事中提炼出选题呢？有两个关键点，一个就是我在后面的素材部分会提到的要带上心、带上手、带上脑随时随地观察和记录，另外一个就是要用好提炼思维，多问为什么、是什么，挖出琐事背后深层次的含义。

我女儿晨晨就为我贡献了很多的选题，我在公众号还专门开启了连载：我和晨晨同学的日常。既然决定写作，那就要把写作融入你的生活。

当然，找选题的方法还有很多，但对于写作新手来说，只要你掌握好这 3 个方法，从此就绝对不再愁没有选题写了。

第五节　精通通用结构模板让你不再愁列提纲

还记得之前我们学习过的炒菜式写作法吗？我们定好了选题，然后就是要列大纲了，而列大纲的前提是你要定好文章结构。日本的高彬尚孝在《麦肯锡教我的写作武器》中就提到，写作就像盖房子，没有人想到哪里就盖到哪里，所以一开始就应该先画好设计图，接着才制作文案比较有效率。而文章的设计图最重要的就是列大纲了。设计图就相当于是文章的结构模板，也是我们这一章要讲的主要内容。

在具体讲模板之前，我们回顾一下自媒体文章的分类：

自媒体观点类、读书类、文案类和故事类。

接下来我会重点和大家分享自媒体观点类的结构，以及我常用的读书类和文案类的模板，故事类的模板本书暂不涉及。

自媒体文章中，观点类的结构是相对比较简单也容易掌握的。文章结构的划分维度分很多种，我将其归为两种结构：1 个大主题下 3 个小主题和正反故事结合。

看起来其实真理往往都是没有你想象的那么复杂。我的自媒体写作是跟着汤小小老师学习的，她也出了一本《高效写作》来分享写作技巧。我就是基于学习到的方法不断实践，后来陆续上稿各大自媒体平台，直到出了一本我自己文章的合集，因为有很多人问我到底怎么才能写好文章，我才开始不断研究各大平台的爆款文并总结方法。

我们先说第一个结构：1 个大主题下 3 个小主题。

这个结构和总分总很相似，但并不是严格意义上的总分总，通常开篇以一段话介入，从而引出主题，接下来以若干小段对大的主题做细分的阐述。之所以不是严格意义上的总分总结构，是因为它首要部分的作用仅仅是为了引出接下来的小标题，而不是作为一种纲举目张的形式在总体上去引领全篇的。也就是说，只是形式上的相仿。

这里的 3 个小主题也是不确定的，你可以写四五个小主题，最常见的就是与《一个人越来越自律的 3 个迹象》类似的文章。提炼出 1 个大主题，然后用 3 个或者更多的小主题来辅助这个大主题。小主题之间的关系分为平行和递进。

比如，我写过一篇文章《一个女人有没有魅力，看这 3 点》。这 3 点分别是学习、美丽、赚钱，那么这 3 个小主题之间，就是平行关系。这个方法的难点在于小主题是否足够新颖，写作新手需要在这方面下功夫。

关于这种结构形式，我还总结了 3 个公式，大家在写的时候，都可以直接套用。

（1）故事引出主题 + 分主题 1+ 分主题 2+ 分主题 3+ 总结（平行）

（2）故事引出主题 + 分主题 1+ 分主题 2+ 分主题 3（层层递进）

（3）分主题 1+ 分主题 2+ 分主题 3（平行或者层层递进），一般不超过 5 个。

第二种结构就是正反故事结合，哪怕你从来没有写过文章，只要掌握了这个方法也能轻松地写出一篇不错的自媒体观点文。你提炼出一个观点，用正面故事和反面故事加一些议论来佐证自己的观点是对的就好了。

所谓正面故事，就是从正面证明你的观点是对的，所谓反面故事，就是从反面证明你的观点是错的。

关于这部分的结构，我也总结了 4 个公式，你同样可以套用。

（1）正面（反面）故事引出主题 + 反面（正面）故事 + 反面故事 + 总结。

（2）正面故事引出主题 + 反面（正面）故事 + 大数据故事 + 总结（平行）。

（3）正面故事引出主题 + 反面故事 1+ 变化的故事 + 总结。

（4）正面（反面）故事引出主题 + 反面（正面）故事 1+ 干货。

怎么样？是不是超级简单？我用这个方法让很多从未写过文章的人，写出来第一篇文章。

接下来我们一起一学习下读书类的自媒体文章结构。

首先看最简单的读书笔记。读书笔记是读书时为了把自己的读书心得记录下来，或者为了把书中的精彩部分整理出来而做的笔记。主要是记录读书时的一些知识点的总结、金句摘录、自己的感悟感想，以及对书中内容的梳理，其作用是为了更好地理解和记忆书中的内容。

有的是直接记录，也有的是做成思维导图，这个可以根据你喜欢的方式来定。

再看读后感。读后感，是指我们在读了一本书、一篇文章、一段话之后产生的具体感受和想法，得到的一些启示和教育，进行的总结、分析和感悟。

相比读书笔记，读后感是读者在读完一本书，或者读完一篇或几篇文章之后，通过自己的亲身经历，联系书本内容形成的整体感受，倾向于诉说自己内心的感受和感悟。因此以谈感受为主，而不需要重点介绍书中的内容。

首先要明确主题，你读完这本书最大的感受是什么？也就是观点文的主题。结构也可以直接套用观点文的结构。

书评是一种应用文体，与讲书稿、拆书稿、书单等一样，都是读完一本书的直接输出形式。书评是文艺评论的一种，也可简称为评论。

一篇好的书评，通常包括 4 个部分：内容总结概括、细节分析评论、结合实际体会、奇闻逸事补充。

书单的写法特别简单，一般就是集中一个主题，推荐一系列的书。结构和观点文的 1 个大主题下的 3 个或者多个小主题非常类似。先说这次书单推荐的是哪方面的，比如是赚钱方面的还是写作方面的。然后再一本一本地说明推荐的理由，也就是这本书的介绍，以及为何推荐，自己读后的感受也可以加入进来。

接下来是拆书稿和讲书稿，很多写作新手很容易混淆这两种文体。简单来说，拆书稿一般是分为好几篇来讲，一本书要拆成几篇文章，而讲书稿是讲一篇文章。

拆书稿和讲书稿在每个平台都有固定的模式，我就不赘述了。

再就是文案。文案包括长的产品文案、朋友圈的短文案等。如何写文案市面上已经有非常多专业的书籍了，这也是人人都要掌握的文体，你可以买专业书籍来看。这里，我分享3个我自己最常用的文案模板。

（1）痛点场景+提出问题+具体方案+证据+价格+福利+要求购买。

（2）提出具体问题+具体方案+方案前后对比+证据+价格+福利+要求购买。

（3）给出结论+具体理由+具体解决方案+总结。

最后我想说，有种结构其实是通用的，那就是：是什么，为什么，怎么办。这种结构基本上能够满足你日常写作所用的一些文体。

总之，你要记得，无论是写一本书还是一篇文章，结构非常重要，掌握结构就可以很轻松地列出提纲了。

第六节　4 个取标题的方法你学完就能用

为什么要学会取一个好的标题呢？常言道“看书先看皮，看报先看题”标题不仅仅能够让读者第一时间了解到你作品的主要内容，最重要的是，它决定了读者愿不愿意打开读下去，书名也是一样的道理。一个好的作品名称，才会让读者有继续阅读下去的欲望，标题如果不吸引人，读者可能就一眼瞟过，不会有想要阅读的欲望。

尤其是今天这个自媒体时代，标题的作用尤其重要。大家还记得我们在本章第三节学习的自媒体文章的属性吗？自媒体时代，读者一打开手机，瞬间就有成百上千的文章涌现出来，能停留在文章标题上的时间顶多也就 1~2 秒钟，如果不能在这个时间段内抓住用户的注意力，那就不会有人点进去看你的文章。

在具体讲如何取一个好标题之前，我们先看一下好标题的原则。在《文案创作完全手册》中提到过一个 4U 原则：急迫感（Urgent）、独特性（Unique）、明确具体（Ultra-specific）、实际益处（Useful）。虽然这个是针对文案创作的，但它其实对于各类自媒体文章的标题同样适用，这 4 个原则中只要满足一个，就能让标题变得更有吸引力。

1. 急迫感（Urgent）

急迫感是给读者一个立即采取行动的理由。比如，你再不学习这个技能就被淘汰了，类似的标题就是凸显了急迫感。

2. 独特性 (Unique)

要么就是描述新的事物，要么就是将读者听过的事物以全新的方式来呈现。比如，《43 岁翁帆女士和 97 岁杨振宁先生，已结婚 15 年》，这个标题就是从我们都很熟悉的翁帆女士和杨振宁先生的婚姻中挑出他们已经结婚 15 年的这个点来重新阐述，给人耳目一新的感觉。

3. 明确具体 (Ultra-specific)

容易吸引读者，促进成交，在产品的广告文案中用得比较多。比如这篇《医生支招：长眼袋试试这个，不超过 20 年的都能治！》，就在标题中非常明确地说明不超过 20 年的眼袋都能治疗好，这样对于有眼袋困惑的读者来说就非常有吸引力。

4. 实际益处 (Useful)

直接在标题中告诉读者能为他带来什么好处。这也是大部分标题都来用的一种方法，比如，我自己在每条短视频下面都会链接的文章标题是《点击链接，即可免费获得价值 1999 元的写作干货包！》，就是直接告诉读者阅读文章有什么好处。

关于标题的作用，我具体总结了 3 点。

第一点：能第一时间抓住用户的注意力，让用户有意愿打开我们的文章。

第二点：尽可能传递完整的信息，作为用户要不要继续阅读的判断依据之一。

第三点：筛选目标用户，提高文章触达目标读者的概率。

就如何取标题我总结了 4 个方法，分别是：关键词延展法、悬念设置法、热点新闻引用法、履历展示法。

关键词延展法和之前提炼主题的方法有类似之处，就是说，文章主题定下来之后，提炼出一个关键词，然后围绕着这个关键词，在其前面和后面增加文字，来界定这个关键词延展的内容。

比如，我之前写过一篇文章《真正的人脉，就是你的真功夫》，关键词是“人脉”，前面增加的是“真正的”，这就界定了不是假的人脉，是交心的人脉不是随便敷衍的人脉，后面增加的是作者的观点“就是你的真功夫”，如果把这部分替换成“就是你的财富来源”，这篇文章的标题就是《真正的人脉，就是你的财富来源》。

当然，也可以只在关键词前面或者后面设置限定词。比如，《你的薪资，取决于你解决问题的能力》，“你的薪资”就是关键词，只在后面界定了作者对薪资的诠释，就是“取决于你解决问题的能力”。如果把后半部分替换为“你面对危机的应对能力”也是可以的，那么就会产生一个新的标题《你的薪资，取决于你面对危机的应对能力》。

这类标题，第一步就是先把关键词定下来，然后在前面和后面增加相关内容，是不是非常简单？每当我不会取标题的时候，我就去看看其他人取的标题，选择一个喜欢的进行这样的改编。

悬念设置法是最常见的，主要分为设问和直接提出疑问。这类标题的优势是容易引发读者想要知道答案的好奇，哪怕是设问，就是你给出了主题，读者也会对你为何是这个答案而好奇。

比如，我写的那篇《你会给自己洗脑吗？》，这个就是最常见的疑问句，读者第一个反应肯定是，作者会吗？怎么才算是给自己洗脑？再比如，我之前写的那篇被收录在我第一本书中的文章《什么才是对父母最好的孝顺？这是我听过最好的答案》，这个属于设问，自己提出问题自己回答，但这个答案并不是前面那个问题的答案，读者依然是非常好奇的。类似的标题还有《什么才是给孩子最好的教育？这是我听过最好的答案》。

热点新闻引用法也被叫作蹭热点，这类标题的好处就是自带流量，所以但凡有一个热点事件，很多公众号都会推出相关标题的文章。如果这个热点和某个名人有关，也会吸引他们的粉丝第一时间打开看。我就写过一篇《全国人民都在关注肺炎，我却在家里听费玉清唱歌……》，发到微博后，很多费玉清的歌迷都成了我微博的粉丝。

还有我们在各大公众号常见的《林清玄：好好吃饭好好睡觉就是最深远的修行》《周国平：世界愈喧闹，我内心愈安静》《三毛：话别说太满，人别熟太快》等，都是采用这种取标题的方法。

履历展示法主要是用在写人物类的文章，就是将人物的生平最主要的经历简短地概括出来，让读者很快知悉这个人一生的经历、遭遇、成就。标题中一般不会点出这个人是谁，用户如果对这个人的经历感兴趣，自然会打开去看。

比如，我有个学员写她自己的故事，我帮她取的标题是《她22岁为了爱情远赴北京，30多岁被分手，努力了10年却没有任何成就：小人物想要成功为什么那么难？》，这样就很简洁地提炼了她之前的经历。

这 4 个方法哪怕你只能掌握其中一个，基本上就能取一个不错的标题。当然少不了多次的练习，最快的方法就是模仿经典的标题。我刚开始写自媒体文章的时候，就形成了一个 Excel 表格，定期将我喜欢的标题整理出来，这样就形成了我的标题素材库。你也可以做一个自己的标题素材库。而且，从标题中也是可以找到适合的选题的，所以这个标题素材库可以有多个作用。

知道了自媒体文章标题的重要性，也有了具体的方法，剩下的就是你要花时间去实践了，在实践过程中遇到不清楚的地方，还可以回来继续再看看书中的方法，相信你一定能学会取一个吸引人的标题。

第七节　写开头的 3 个宗旨 4 个方法

掌握了定选题的方法，也学会了如何列提纲和取标题，接下来就要正式开始写一篇文章了，也就是我们炒菜式三步法的最后一步——开始炒菜，炒菜的第一步是放油，而写文章的第一步是要写开头。

《文案训练手册》作者约瑟夫 · 休格曼说过一句话：广告第一句话的目的就是让读者读第二句话，自媒体文章开头的作用依然是如此。一个好的开头，既要能承接标题，让读者在最短的时间内感知到文章的价值和标题塑造得差不多，愿意留下来，也要能通过你的引导，让读者有耐心、有兴趣继续阅读文章的第二段。

如果你的开头没有衔接好标题，没有接触标题里面的信息，比如利益承诺等，那读者会有很大的概率跳出来，因为他看了你的开头就有可能觉得你文不对题。

为此我总结了3个宗旨和3个方法。3个宗旨分别是：进入主题要快、精准描述痛点、要有代入感。从字面上看非常容易理解，因为现在大家都是用手机浏览文章，速度非常快，所以开头能触及痛点并且有代入感，用户就更愿意读下去，而且最好让用户从第一句话就知道你要表达什么，不然很容易失去耐心。

接下来我们看3种开头的方法。

第一种：故事开头法

故事开头法，顾名思义，就是以故事的形式作为开头。这种方法的优势是有极强的场景感、代入感、新鲜感，并且读者的阅读压力小，很容易就能读下去，可以在最短的时间内抓住读者。因为人天生对故事没有免疫力。

代入感是最重要的，具体就是故事中的人物标签一定要鲜明，而且要有场景化，这样目标读者就能从中看到自己的影子，所以哪怕我们讲自己的故事，读者也会认为是在讲他自己的故事。举个例子，我的一位学员写的复盘文，开头是这样写的。

年收入20万元以上，每年和家人一起两次旅行，和朋友每个季度两次旅行。重要的节假日送给家人心仪的礼物。周末和朋友们一起喝下午茶、看话剧或者最新的展览。港式餐厅日本料理、越南菜新加坡菜，我的大众点评俨然是一幅美食生活地图。

这个看起来是讲作者的故事，但很多人读完都会觉得像是在说自己的故事，就非常愿意看下去，想知道主人公到底是如何发生改变的。所以，如果不知道如何开头，写个故事是最简单的。

故事又分为两种，真实的故事和网络上的故事。真实的故事可以是你自己的，也可以是身边朋友的。

我们先看网络上的故事，以这类故事作为引子是目前自媒体文章最常见的一种开头方式，具体写法就是简单介绍热点事件，然后引出文章主题。

比如，我写过一篇文章《人的贪念到底有多可怕》，开头是这样的。

有这样一则新闻：72 岁老太向近万人非法募集 5.14 亿元，仅返还 970 余万元。

这种就是直接讲故事。

如果你仔细研究就不难发现，大部分这一类的开头都会用相似的语句，比如，前段时间 ××× 刷屏了，然后如何如何；前几天 ××× 新闻冲上了热搜，网友一片沸腾；一则 ××× 的视频 / 故事 / 新闻在全网刷屏，引得无数人为之……你在写开头的时候是可以选择一种直接套用的。

至于真实的故事就更好理解了，前面我举例的私教学员写的那篇文章开头就属于讲自己的故事，一般讲别人的故事，都会用“我有个闺蜜“我有个朋友”之类的开头。比如，我写过一篇文章《勇于承认错误的人，精神层次都很高》，开头就是“昨天晚上逛知乎，被一个网友讲述的故事吸引了”，然后就开始描述这个故事。

在我们自媒体写手圈还有个梗，说写自媒体文章的作者朋友同学特别多，因为每一篇文章中都会出现好几个。这其实也说明了讲别人的故事的确是读者喜欢看的。

不过这种开头方式有一点要特别注意，就是你选取的热点新闻和真实的故事，一定要和你的文章主题有关。比如，你写的是育儿观点文，那么选取的故事一定要和育儿有关，而不是闹离婚的，而且如果你讲的是写作业的，那么选取的故事就不要是报兴趣班的，这一点特别重要。

这类开头方法需要你平时多留意收集故事，在用的时候直接调取就可以了。

第二种：大数据开头法

大数据是IT行业术语，也被叫作巨量资料，用在这里具体是指科学实验、社会调查等汇总的数据，用这些内容开头我称之为大数据开头法。这种开头方法一般会含有大量的真实数据，容易引发读者的好奇心、调动求知欲，尤其是那种访谈类的，大多都和人们的日常生活有关，用户很容易有代入感，就愿意往下读。

这类开头一般都是采用这样的句式：最近我看到一个有趣的调查；给大家分享一个完全出乎意料的数据，×××调查结果显示……

我们一起看一个例子：你知道吗？经常跑步容易猝死！

近期，一篇来自英国《每日邮报》的报道在朋友圈里转了起来，丹麦科学家通过一项长达12年、涉及近5000名研究对象的跟踪调研，得出一个惊人结论：最健康的跑步健身强度就是每周跑3次，总量144分钟以内，而且跑步的速度应该控制在慢速或中速。这样做才有助健康长寿，而超过这个量，健身反而变成了伤身。

专家还强调，跑得快要比跑得久更伤身。那些用较快速度跑步的对象，其死亡风险和从来不运动的人一样。

这个开头就是非常典型的大数据开头法，开篇直接说出了这个实验结果，然后就说这个实验是历时 12 年、涉及近 5000 名研究对象的。如果用户刚好喜欢跑步，那么这个开头肯定会吸引他往下读，哪怕是自己不喜欢跑步，看下去的可能性也极大，因为人都是有好奇心理的。

所以平时可以多留意这些调查和研究的相关新闻，遇到了就放到自己的素材库，写开头的时候就可以调取出来。

第三种：金句开头法

这个也是自媒体文章中被经常用到的方法，其中金句可以是名人名言，也可以是你自己总结的。用金句开头的好处就是让用户一开始就对你要表达的观点非常认可，尤其是用名人名言，相当于名人给你的文章做了信任背书。哪怕金句是你总结的，也会比较容易打动读者的心。

这类开头一般都会采用这样的句式：××× 曾经说过这样一句话；我在网络上看到过这样一句话；我很喜欢这句话。读者看到这样的开头，下意识都会想要知道，到底是哪句话？这样就起到了吸引读者的作用，如果你后面的那句话触动了读者，读者就会愿意继续读下去了。

比如，我写过的一篇文章《真正大智慧的人，往往都很笨拙》，开头是这样的：

有位前辈告诉我说，你能看到的“成功”，其实都只是一种结果和表象，每一种成功的背后，必须都有一种“笨功夫”在支持。

如果你刚好也非常认可我的这个观点，就会被开篇的这段金句所吸引，要看下去。金句你平时多注意收集就可以，当你实在不知道如何开头时就可以先练习用金句开头。

怎么样，这3种方法是不是非常简单？这都是我自己在实践中总结出来的，只要你愿意按照这些方法去练习，就一定能写好开头。

第八节 5个步骤让你轻松写出有深度的观点

在写自媒体观点文时，能不能写出有深度的观点特别重要，前面我们已经学习了如何定选题，这个定出来的选题就是你的核心观点，接下来你还需要在文章中通过故事和评论结合的方式来继续深入浅出地探讨你的观点，告诉大家你为什么会认为是这个观点而不是其他观点，你的理由是什么，继而引导用户认可你的观点，这个就是一个写议论文的过程。

就如何写好自媒体观点文中的议论部分，我总结了5个步骤，具体如下：

讲述主题有关的故事；评论事件本身；提炼出金句；结合金句阐述观点；点题。

以我的文章《真正厉害的人，都是雌雄同体》为例，说说如何用这5个步骤在自媒体观点文中写议论的部分。

第一步：这部分是引用贾宝玉的故事

在我看来，雌雄同体最典型的代表就是贾宝玉了。

他外表上是须眉男儿，内心却比女孩还温柔还多情，动不动就触景生情，迎风洒泪，比很多女孩还玻璃心。

整天就和姐妹们混在一起，以至于连贾府下人们都在背后说他“一点刚性都没有”。

这也是我当初看书的感觉，记忆中除了林妹妹，就数他最爱哭了，而且还是默默流泪型。

第二步：评论贾宝玉的故事

但就是这样一个不像男人的男人，却迷倒了林妹妹和薛宝钗这两位《红楼梦》里最优秀的女生。

第三步：就贾宝玉的故事引出金句

这让我想起以前在《读者》上看到的一句话：“男人吸引女人，往往是阳刚附带的温柔和细心，而女人迷倒男人，往往是温柔之外的独立和坚强。”

第四步：结合金句阐述观点

细细想来很有道理，女人固然迷恋男人的雄性特征，但更渴望被男人细心呵护，而唯有具有女性心理特征的男人，才更懂得女人的心。

这也是暖男为什么那么受欢迎的原因。

传统文化教育男人要有责任撑起一个家，于是越来越多的男人在家里真的变成了一座山。

不懂得忙碌在厨房里的女人也需要男人一句暖心的话，反而是抱怨女人的要求越来越高了，而那些懂得女人心的男人，会让女人更有安全感，自然也更容易拥有幸福的爱情和婚姻。

而拥有男人心理特征的女人，则更容易理解男人在外打拼的不容易，会在男人做重要决策时贡献自己的智慧，甚至在遇到困难时，有力量一起承担。

第五步：点题

仔细研究就会发现，这些所谓雌雄同体的人，面对爱人，他们整个人看起来既有本性别的优势，又蕴含异性的特质，在人性上会更丰富和完整，也会更懂得另一半，自然也就更容易获得幸福了。

你也可以找一篇自己喜欢的自媒体文章，看一下作者是不是用到了这 5 个步骤。当然不是所有的评论都要按照这 5 个步骤，作为写作新手，如果你不会写评论，可以先套用这 5 个步骤进行练习。

那么，具体如何写呢？我总结了 3 个方法。

第一个方法：金句佐证法

这个方法最常用，也就是在一个故事讲完之后，用一句名人名言做观点提炼，然后将名言延展开来解读，让你的观点更有说服力。

当然这里的名言，不只是名人名言，包括网友评论、某领域专家解释、读者留言、素材里人物自己的语言、电影台词、俗语等，都可以拿来用。

举个例子，在我的文章《真正大智慧的人，往往都很笨拙》中，有这样一段内容。

《史记》记载，孔子在年轻之时曾经向老子请教过做人的道理。老子曰："良贾深藏若虚，君子盛德，容貌若愚。"大意是说，一个头脑精明的商人会把货物密藏不让人看见，虽然富有，却像什么也没有；一个品德高尚的君子，往往像个愚钝的人一样，毫不外露。

老子这句话虽然能够证明我的观点，但不太好理解，于是我又用比较简单的语言解释了一下。我们平时议论的时候，也可以简单通俗地对名言做一个解读。

第二个方法：故事支撑法

你应该已经发现了，越来越多的文章，会在一段中讲好几个小故事。其中一种写法就是，讲完了一个小观点，马上接一个小故事，其实这也是议论的一种方法。

当你衍生不出太多议论的语言时，可以借用素材来补充一下评论的不足，这样文章就不会显得平淡无奇。文章的其中一个结构是一个正面故事 + 评论，然后一个反面故事 + 评论……这其实就是用故事支撑结论，也就是我们说的故事支撑法。

具体选用什么故事可以随意，建议正反错开，并且要和主题有关。

具体来说，就是在同一段里面，前面的素材故事写完，简单评论之后，马上接一个短篇幅的与之相反的案例，对该段进行填充，制造强烈的正反差，给读者启示，让观点站住脚。

以我的文章《真正厉害的人，都是雌雄同体》中的一段为例。

生活中的杜拉斯是情人，也是个温柔、善良、能干的妻子和母亲，对于自己的孩子，杜拉斯柔情似水。

而且，她还做得一手好菜，知道在哪里可以买到巴黎最好的（也是最便宜的）猪尾巴，她会做美妙的熟肉馅点心和越南米饭。

但身为女人的杜拉斯，拥有这些女性特征的同时，她头脑中的“男性因子”也从她对政治的热衷上表现了出来。

她获得过巴黎大学法学学士和政治学学士学位，“介入”过各种政治运动，是个敏感的狂热分子，参加过弗朗索瓦·密特朗领导的抵抗运动，还反对过戴高乐政权。

她曾说过，我不知道还有什么比搞政治或者说按照自己的意愿去搞政治更幸福、更令人心醉神迷的事情了。

由此我们可以看出，杜拉斯作为一个作家，正是她兼具男女的特质，才为我们创作了这么多耐人回味、独具特色的作品。

杜拉斯如此，已经离开我们的哥哥张国荣又何尝不是如此呢？

简单评论上一段故事，马上接一个新的故事。

他在《霸王别姬》中对程蝶衣痴情入骨的演绎已成为传奇一般的存在，一颦一笑都那么惹人怜爱，也因为有“张国荣之后，再无程蝶衣”的说法，想来这绝对不单单是因为戏剧妆容，没有对女性心理的感同身受，又如何演绎出让人念念不忘的程蝶衣呢？

想来所有人都不会忘记他1997年的那场跨越演唱会，舞台上彰显中性打扮形象挑战了所有人的感官，大量闪片元素、浴袍、红色高跟鞋……这种大胆张扬不单单是对扮相，而且是对艺术本身的一种尝试和超越。

这就是非常典型的用故事来佐证自己的观点，通过两个类似的故事，让读者对我阐述的观点有更加深刻的认识。

第三个方法：观点升华法

前面两个方法，第一个是用金句来佐证你的观点，第二个是用故事来继续佐证你的观点。还有一种评论的方法，也是对你的观点进行深挖和拔高，这就是对观点的升华。

以我的文章《你问的问题，暴露了你的认知层次》中的一段为例。

提问题是一门艺术，如果你提问方式不对，或者问了个太蠢的问题，可能根本就没人愿意理你。

而且,问题的好坏也直接影响着你能不能得到自己想要的答案。

最重要的是，你问的每个问题，都会暴露你的认知。

这个就是很典型的主题升华，本来说的是如何问问题，上升到了一个人的认知问题。

上面这些就是在自媒体观点文中写评论的方法，如果你以前不太会写，那就赶紧试试我的方法吧。

第九节　这样写结尾让读者意犹未尽想转发

现在我们到了写文章的最后一个步骤，那就是写结尾。

结尾其实也是非常重要的，在文章中起到了画龙点睛的作用，而且文章的落脚点一般都在结尾，文章的结尾，也在很大程度上决定了读者会不会转发。关于写结尾的方法，我总结了 5 种，分别是重点内容总结法、主题全面升华法、励志鸡汤结尾法、引用名言结尾法、呼吁行动结尾法。

第一种：重点内容总结法

具体来说，就是总结你这篇文章所要传递的核心内容，让读者一眼就明白，帮助读者最终厘清思路，目的是突出文章的可感知价值。这个方法也是最容易掌握的，无论你写的文章是观点类的还是干货类的，都可以在最后一段把它的核心内容总结出来。

比如，我的一篇文章《精神层次越低，越喜欢得理不饶人》，结尾是这样的。

俗话也说“得饶人处且饶人”，其实就是告诉我们，即使有时候很占理，也应该不失风度地考虑一下别人的感受，而不是一味地坚持所谓“原则”。

读者看到这段话，就算不记得前面具体讲了什么，也能非常清楚这篇文章的核心观点。

第二种：主题全面升华法

这个方法其实是重点内容总结的升级版，就是在全文核心观点的基础上再将主题升华，可以让用户思考得更多，更容易引发读者站位。具体可以分为人群扩大和观点升华。所谓人群扩大就是原本你的文章是针对女性的，最后结尾可以升华为整个人类，而观点升华更好理解，比如，你原本讲的是好好吃饭，结尾可以升华为好好吃饭就能过好这一生，将主题从吃饭升华到经营人生。

比如，我的一篇文章《一个人最大的能力，就是让人放心》，结尾是这样的。

放心蕴含着一个人的品格，也体现着一个人的修养。

这个方法就是典型的主题全面升华，本来文章主要讲的是让人放心是一个人最大的能力，最后升华为它不仅仅是能力，也是品格，更是修养。这类结尾方法，常常被应用在自媒体观点文中。

第三种：励志鸡汤结尾法

这种结尾方式就是用一些温暖有力量的话语来鼓励、激励、打动读者，而且一般都有针对的群体。这种结尾方法最大的优势就是非常容易引起用户的共鸣，让其情不自禁地转发。

我的文章《真正厉害的人，都是“雌雄同体”》，结尾是这样的。

祝愿我们每个人都能像女人一样爱自己，爱生活，同时又要像男人一样面对这个世界，坚忍对待生命。

这样，读者会很容易感觉作者是在祝福自己，也会更加愿意转发。

第四种：引用名言结尾法

和开头一样，引用名言结尾法也是写作新手最容易掌握的，就是用名人说的话结尾，当然也包括引用已经出版的书中的内容。这种结尾会让你文章的深度立马提升，也会刺激读者分享，转发到朋友圈。

我的一篇文章《成长路上，侥幸心理要不得》，结尾是这样的。

霍达的《穆斯林的葬礼》中有这样一句话：“在那庄严的时刻每个人都是平等的、坦诚的，在命运的抉择面前，任何伪装、虚饰和自欺欺人的侥幸心理都变得毫无疑义，唯一可以使自己镇定的是真才实学。”

同样讲的都是侥幸心理要不得这个道理，但是引用经典书籍中的内容，就会显得更加具备权威性，读者也更容易信服。

第五种：呼吁行动结尾法

这个结尾方法是我最喜欢用的，就是在结尾的时候，不但把文章的核心内容提炼出来，并且还呼吁读者行动起来，这样的结尾用户也会很喜欢转发。具体包括立刻行动和在某种场景下行动。

立刻行动就是让用户当下可以立刻行动起来，在某种场景下行动就是呼吁用户在某种场景下行动起来。

我写过一篇文章《发个红包就能看出你人品好了？呸》，结尾是这样的。

所以，发红包抢红包的时候，也记得多和新链接的朋友进行一对一的交流，能线下见面聊最好了。

那么，如果读者认可我的观点，就可以行动了。

这 5 种结尾方式都是我在写作过程中总结出来的，非常适合写作新手，也很好掌握。只要按照这些方法不断练习，你也一定能写出一个愿意让读者转发的结尾。

第十节 6 个步骤打磨文章，提升你的文章质量

其实很多写作新手是不愿意修改文章的，起初我也有这样的心理。自己辛辛苦苦写出来的文章，哪里看着都好，不舍得删除任何一个字。而实际上，好的作品都曾经被不断修改。艾丽斯·马蒂森在《写作课》中专门提到过，好文章是修改出来的，如果把写作当作事业来经营，我们就要心甘情愿为之努力，反复修改，

接受批评、广泛阅读并吸取经验，很快就会以读者诉求为首要目标——要给读者带来愉悦的阅读体验，而不仅仅是为了满足自己的创作欲望。她甚至直接说，真正的作家与自认为是作家的人之间最大的差别就在于前者认为作品是需要修改的。

所以我们一定要掌握自我修改文章的方法。对于如何修改文章，我总结了6个步骤。

第一个步骤：确认文章主题是不是明确

这个特别重要。大部分写作新手的作品最容易犯的一个错误，就是没有明确主题，自己都不知道要写什么。那么如何判断文章的主题是不是明确呢？有一个特别简单的办法，那就是把文章发给一个人，看完后让他告诉你他理解的文章的核心内容。

如果对方根本说不出来，或者说出来的和你想要表达的有出入，这都说明你的文章主题是不够明确的，你需要重新打磨提炼。如果不知道什么是主题以及如何找到主题，可以回去看本章第四节的内容。

第二个步骤：基本格式修改

不管你的文章是要用来投稿的，还是发布在自媒体平台，在修改的时候都要关注格式，当然错别字、标点符号也要多留意，一定要多校对。这件事情虽然简单，但忽视不得，因为一篇文章发送出去，一旦出现错别字，读者就会认为这个作者不专业，我就曾经因为推送在公众号上的文章经常有错别字而被读者“吐槽”。

第三个步骤：确认结构是不是合理

在结构的部分我们有讲过，每一种文体都有自己的结构，如果你写的是自媒体观点文，一定要先确认你用的是哪一种结构。很多写作新手容易把两个结构融合在一起混着用，结果就会导致很难讲清楚你要表达的，建议新手可以直接套用我总结的两个模板，多练习，最终形成自己的行文风格。当然，如果你写的是讲书稿、书评或者自媒体故事，也要重点检查结构是否合理。

第四个步骤：确认素材和主题是不是有关

这个也很重要，就是说，你文章中讲的故事和引用的一些名人名言要和你的主题有关。举个例子，你写的是自律，那么你的故事就是要讲和自律有关的，而不是自信。在我帮文友点评文章的过程中，我发现 80% 的写作新手都会犯这样的错误。

第五个步骤：确认句子和句子之间是不是过渡自然

第六个步骤：确认文章中是不是有细节描写

最后两个步骤属于细节修改，新手其实很难看出自己在这两个方面的问题，但多加练习，也是可以的。

修改文章的能力也是要练习的，我因为有过帮助学员点评文章的经历，所以很快就可以看出一篇文章的问题，而有时候我们看自己的文章，的确很难看出要修改的地方，我常用的方法是大声读出来、打印出来、放一天。这 3 个方法不是什么新鲜的方法，很多人不见得真的愿意用，但你只有试试才知道有没有用。我经常会大声读我的文章，读着读着，自己就会发现很多逻辑上不通顺的病句等。

总之，一定要重视文章的修改。

第十一节　3个积累写作素材的秘籍

好了，截至到此刻，我们已经掌握了写一篇文章所需要的所有技能，也就是说，你已经可以独立写完一篇文章了。接下来要学习的内容，能让你的写作过程更加轻松，而且会有源源不断的灵感和素材确保你能持续写作。

其中最重要的就是要学会积累写作素材，我分为两个小节和大家分享。我的这些方法已经帮助很多写作新手从一个字都写不出来到每天都能轻松写一篇文章了，所以让我们赶紧开始吧。

关于写作素材，我特别喜欢季羡林老先生的一个段子。

曾有位学生问季美林先生："做学问可有捷径？我的论文实在憋不出来了。"

季美林先生回答说："论文岂是憋出来的？水喝多了，尿自然就有了。"

这个水，在写作中就相当于是素材，你累积的素材多了，就不愁主题和灵感了。

大部分写作新手最大的烦恼就是："没有东西写，怎么办？"其实你完全不用担心，因为在我们的身边，处处都是素材。我把它们分成三类：内心感受到的、眼睛看到的、耳朵听到的。

每天睁开眼睛，我们就会接触到不同的人事物，这些都可以成为我们的素材和灵感。但遗憾的是，大部分人都对此熟视无睹，让灵感和素材从眼前白白流走，自己还觉得写作没有素材。

我将自己积累写作素材的秘籍总结为 27 字箴言，分为 3 个秘籍，每个秘籍 9 个字。

第一个秘籍：带上心、带上手、带上脑

先说什么是带上心，很多人已经忘记用心感受这个世界，其实当你用心感受时，你会发现一切你接触到的人事物都能带给你一些情绪上的变化，开心、生气、激动……而这就是源源不断的素材来源。比如，你平日里追剧，会不会因为看到某个情节就泪流满面？让你流泪的那个点，就是你可以写作的素材，你只要结合自己所在的领域写就好了。

带上手是指要随时随地做记录，所谓好记性不如烂笔头，有了想法赶紧记录下来，这点很重要。关于记录的工具，可以用纸笔，也可以用手机软件，因人而异。比如你追剧的时候，让你感动的地方，就要赶紧录下来，不然感觉转瞬即逝，你就白白浪费了一个素材和灵感。

带上脑就是说面对一件事情你要多问几个为什么，找到问题背后真正的原因。只有经过认真思考，你写出来的文字才有可能刷新读者的认知，让读者惊讶自己为什么没有想到。还是以追剧为例，如果你只是记录下来你的感动，这篇文章是不够深刻的，你还要思考为什么你会被打动，打动你的点是什么，这样你才能写出比较深刻的文章。

总之，用心感受，用手记录，再用脑分析，是绝对不会愁没有素材的。

另外，大家一定要建立自己的素材库，你可以在电脑里用文件夹的形式，也可以用各种 App 软件，比如幕布等。具体可按照关键词，比如教养、人脉、格局等；按照素材的类型，比如人物故事、名人名言、自己的故事等；按照时间，比如每个月将收集的素材放在一起。

当然你也可以用任何自己喜欢的方式，总之就是不能只依靠记忆。

第二个秘籍：看好书、见牛人、多经事

第一个方法是解决当下没有东西写的烦恼，还有很多人开始写了一阵子，就发现又没有什么可写的了。我始终认为文如其人，文字就是作者对人生的思考，写作就是写人生。就像我在前面说的那样，文章不是写出来的，而是活出来的。你想要持续地写，你就要持续地成长和进步，秘籍就是 9 个字：读好书、见牛人、多经事。这 9 个字，大家都能理解，但真的做到，其实并不容易。

所以，当有人问我写不出东西怎么办，我都会很直接地回答，你的脑袋里成天不想东西，能写出来吗？就我个人而言，我每天都要阅读，都会和不同的人接触，这样每天我都会有新的想法和观点，只会发愁写作时间不够。

有人说，写作不是吸收，而是创造，创造让人摆脱肤浅，走进内涵，走向思考，走向深刻和高级。这点我非常认可，只有你坚持学习和成长，才能持续不断地写出好文章，而这个过程也会赋能给你，让你变得越来越厉害。

第三个秘籍：坚持写，坚持写，坚持写

很多人都想通过写作变现、打造个人品牌甚至出书，我想你之所以看这本书，多少也是带着这样的期待。的确，对于写作新手来说，这些是很遥远，但请你相信我，只要你坚持写，终有一天能实现心中所想。

如果你写写停停，自然是不会得到自己想要的。就以出书为例，无论你主动联系编辑，还是编辑找到你，你都要提交你的作品，如果你连几篇像样的文章都拿不出来，怎么出书呢？

日本著名的推理小说家大泽在昌在《畅销作家写作全技巧》中就提到过，坚持写作，终能出书。而且作者专门强调不是自费出书，而是正规出版社为了放在书店里出售而印制的书。

大多数人都无法做到天天写文章，你做到了，自然会有更多的机会，而且最重要的是，你不坚持写，就无法将写作的技能内化。

当然，比这 3 点还重要的就是要赶紧开始行动，因为开始并完成一件事情比做好它更加重要，只有开始才有机会做到更好。

第十二节 10 个找素材的好方法

写作素材重在平时的积累，而不是在需要的时候现找，而且灵感可以从我们的脑海中跑出来，只要和自己联结就会有源源不断的灵感出现，但每个人的认知毕竟是有限的，所以我们需要从多个渠道获取源源不断的素材。

我具体总结了10个素材渠道，分别是：微博热搜、新闻头条；爆款文章；电视剧、电影、综艺节目；网友评论、读者留言、弹幕；自己和他人的故事；朋友圈；微信群；知乎；大咖、明星；书本及专业论文。

一、微博热搜、新闻头条

众所周知，现在新闻传播速度很快，基本上一部手机就能知晓天下事，所以只要你多关注微博热搜以及各个平台的新闻头条，即使每天日更也不会有问题的。如何从热点新闻中找到写作素材，我总结了以下4点。

1. 事件本身

热点新闻本身就是素材，无论是写开头还是在文章中作为支撑观点的素材，直接引用就好了。

2. 人物的行为

在新闻事件里都会有不同的人物，这些人物的具体行为也可以直接作为素材。

3. 人物所说的话

这个和前面人物的行为还是有区别的，在新闻事件中，主人公都会发表一些看法，或者说一些话，这些内容也是可以当作素材用的。

4. 网友和读者的留言

针对热点新闻，可以重点关注网友们的留言，都说段子手在民间，有些精彩的留言是可以直接当作素材用的。

举个例子，我写过一篇文章《你的人脉圈暴露了你的高度》，在这篇文章中我就将一个热点新闻故事作为素材。主人公是年薪达到 30 万元的银行行长，他辞职当了农民，回家承包了 100 余亩山搞种植。我看新闻的时候，留意到他曾经在朋友圈一天卖了 2000 斤猕猴桃，刚好可以用来佐证我这篇关于人脉的文章。那这个就是将热点人物的行为作为素材。如果我直接引用他说的话，就是人物所说的话，如果我选取网友对这件事的议论，那就是网友的留言，而如果我单纯就这件事情发表看法，那就是事件本身。

是不是非常容易？为了更好地掌握这种方法，你可以每次看到新闻,就从 4 个角度分别去整理,然后放入自己建立好的素材库，这样你定了文章的主题后，就可以直接挑选适合的素材使用了。

二、爆款文章

身为写作者，我们平时阅读别人的文章，除了学习写法之外，还可以趁此机会收集自己能用的素材。尤其是能成为爆款的文章中本身就有很多的素材，也可以存入素材库。我将其总结为两个方面：他人的文章标题和他人文章中的故事和金句。

1. 他人的文章标题

就是把他人的文章标题当成素材。举个例子，我写过一篇文章《勇于承认错误的人，精神层次都很高》，如果你要写类似的选题，你就可以说，××× 曾经写过一篇《勇于承认错误的人，精神层次都很高》，这个就是直接将别人的标题当成素材用。

2. 他人文章中的故事和金句

他人文章中的故事主要分为两种，一种是作者引用的名人故事或者其他人的故事，这一类的你就放入素材库，自己写文章的时候可以直接用，当然不能照抄。另外一种是作者本人的故事，这类的故事如果你要引用的话，一定要注明出处。

文章中的金句也分为两类，一类是作者引用别人的话，这个你也可以直接引用，只不过要说清楚是谁说的。另外一类就是作者自己的金句，这个就一定要注明具体出处。

很多新手作者分不清楚洗稿和引用。你不提是谁的文字，把人家的内容直接放在自己的文章里，就是洗稿的行为；如果你注明了出处，那就是引用了。

从今天开始，看文章的时候，一定要记得收集素材哟！

三、电视剧、电影、综艺节目

电视剧、电影、综艺节目还有各个平台的短视频，都属于这一类，我就把它们统称为影视剧。学会这个方法，你就可以安心刷剧了，因为刷剧的同时也是在积累素材，我们可以从 4 个方面寻找素材。

1. 影视剧的故事本身

无论是电影还是电视剧，其本身就是由一个又一个故事组成的，这些故事就是现成的素材，可以在文章中直接用。

2. 和影视剧相关的演员、导演

每一部影视剧都有导演、演员、制片人等，这些人的故事都是非常好的写作素材。

3. 影视剧里人物的故事

在影视剧中有很多的人物，每个人物在剧情中都会有些故事，这些也可以成为我们文章的素材。

4. 台词

影视剧里面的很多台词都很经典，也是非常好的写作素材。

为了让大家更好地了解这个方法，我举一个自己看完电影《芳华》后从 5 个不同的维度写 5 篇文章的案例，因为切入点不同，所以选取的素材自然是不同的。其实和找选题其实紧密相关，我们可以从素材中提炼出选题，也可以先有选题再去找素材。

第一篇 :《〈芳华〉: 做人最高级的修养就是取悦自己》。

这篇文章的素材就是选取了电影中何小萍的故事，有个情节是她在屋外草坪上翩翩起舞，随着她不断地旋转、逐渐地面露微笑，我泪如雨下，当她开始只取悦自己，她就得到了真正的快乐。这用的就是影视剧里人物的故事。

第二篇 :《15 岁被初恋男友出卖，31 岁离婚，34 岁再婚，60 岁的她却拥有着让人羡慕的婚姻》。

这篇文章我写的是严歌苓的故事，她是《芳华》的作者，这篇文章用的素材就是和影视剧相关的演员、导演等。

第三篇 :《冯小刚让苗苗在大佬们面前跳舞，错了吗？》。

当时《芳华》火了之后，网络上爆出导演冯小刚让女主角苗苗跳舞的新闻，我就将这个故事也当成了素材，这个和上一篇文章用的是同一个方法。

当时也有很多文章是写《芳华》这部电影本身的，那用的方法就是影视剧本身，当然《芳华》里也有非常多的精彩台词，都是可以直接拿来当素材的。

是不是很开心？以后再也不用认为追剧是浪费时间了，不过你要记得，在刷剧的时候，如果看到触动你的地方，可以直接截屏。这样做有两方面的好处，一方面可以及时记录下来，另外一方面，你文章的配图也就有了。

总之，你以后就可以心安理得地刷剧了。

四、网友评论、读者留言、弹幕

很多网友的评论都是非常精彩的，所以我会定期浏览读者或者网友的留言，一定会收获很多的素材。那么，如何从读者和网友的留言中收集到自己要的素材呢？我总结了两个方法。

（1）收集最精彩的，或者点赞最多的，或者几个类似的。

（2）将读者或网友的留言分为几类，全部用在文章中。

五、自己和他人的故事

夏丏尊、叶圣陶撰写的《七十二堂写作课》中提到，我们的经验有两种，一种是亲自经历得来的，一种是从书本上或旁人口头上得来的。前者叫直接经验，后者叫间接经验。而自己和他人的故事，刚好一个是自己的真实经历，一个就是他人的故事，这些都可以成为我们文章的素材。

在自媒体文章中，一般不会通篇都以作者自己的故事为素材，顶多在文章中出现两次就可以了。所以平时要多留意身边人的故事，这也是可以直接用在文章中当作素材的。

六、朋友圈

先不说别的，光“朋友圈”这 3 个字，就有写不完的话题。那我们如何从朋友圈找到写作素材呢？首先我们刷朋友圈，一定要记得上一节的秘籍，那就是要带上心带上脑还要带上手。看见有用的，马上截图保存或者按照自己的方式记录下来。我总结了两个具体方法，一起来看下。

1. 重点关注一部分人

为了收集素材天天去刷朋友圈显然不现实，你就重点关注一部分人，然后定期去刷对方的朋友圈。如果要用对方朋友圈的内容，一定要和对方说明一下，征得同意。当然，如果你只是借鉴，或者是对方的朋友圈启发了你，让你想起了与你自己相关的素材，也可以不用通知对方。

关注哪些人则因人而异。具体要关注这些人在朋友圈里发的文字，包括图片，尤其不要小看了图片，很多朋友圈发的图片都是非常经典的，可以直接用来当作文章素材。同时还要关注对方在朋友圈发的自己做的事情，比如，有人打卡读书、跑步，有人参加公益活动或者一些讲座，这些都是素材。

2. 朋友圈本身

大家对朋友圈的看法、用法以及如何经营朋友圈，都是非常好的素材，平时多注意收集和整理即可。

七、微信群

告诉你一个秘密，每个微信群里都藏着数不清的素材，就看你如何挖掘了。我具体总结了 3 个方法。

1. 主动引发聊天

你要写什么，直接在群里问大家，最好发个红包，大家给你的建议不但是现成的素材，可能还会给你带来新的灵感。

2. 大家的聊天内容

所谓“外行看热闹，内行看门道”，逛微信群，你也要看看大家聊的话题能不能直接成为文章素材。

3. 微信群里大家不同的表现

我们来看一个场景：新到一个微信群，大家先是自我介绍，然后就开始聊天，你会发现，微信群和真实的社会是一样的，不同的人在微信群里的表现不一样，这些不同的表现就是你文章的素材。比如，有些人在微信群里就是不喜欢遵守规则，让禁言的，非要说话，被踢出去后还不爽，这不就是不遵守规则的素材吗？

类似这样的还有很多，你只要用心收集，单就微信群给你贡献的素材，你都用不完。

八、知乎

知乎是目前互联网平台对话题讨论非常深的一个平台，从知乎寻找素材，也分为两个方法。

（1）从知乎热榜去看大家都在关注什么。

（2）你定了主题，想要去找对应的素材，去知乎搜索相关的话题，就能看到网友们的不同看法，可以搜索到非常多的素材，而且都是真实的。

九、大咖、明星

你平时一定有自己很喜欢的明星、名人，比如某个作家，或者某个科学家、某个主持人，他们身上都有着特别多的素材。我将其分为两类：一类是身边人，你可能会经常见到对方，那就多留意对方说的话、做的事情，这些就是你文章中的素材了。

而另外一类是我们无法在现实中见到的，我总结了两个我自己实践过的非常好用的方法，让你能随时挖掘到他们身上的素材。

（1）关注对方的社交媒体，大部分名人都有微博，在微博上会转发一些内容，或者发自己的生活工作动态之类的，这些都可以是素材。

（2）关注对方在影视剧、娱乐节目中的表现，他们说的话和做的事都可以成为你文章的素材。

是不是感觉以后追星也更有底气了？但一定要记得，看到有触动的素材要记录下来。

十、书本及专业论文

书本和一些专业论文也是特别重要的一个素材来源，一本书中讲的观点、故事，注明出处就可以直接引用。认知类的书主要是观点来源，一些历史书、小说等就是故事的来源，这个在下一章节输入力的部分我会具体来讲。

一些专业论文中应用的案例以及一些研究数据结果，都是非常好的素材，大家平时看的时候要留意收集。

这 10 个方法是我从 2016 年开始写自媒体文章起就一直在运用的，这些年也有很多的学员因为这些方法而解决了找不到写作素材的烦恼，相信也能帮到你。

第十三节　提升文笔的两个方法

这一节，我们聊一下大家都很关注的文笔。

文笔到底能不能提升？答案是：能！不过对于写作新手来说，文笔一点都不重要，先开始写起来，让写作成为像每天吃饭睡觉一样自然的事情，比什么都重要。但当我们度过了新手期，就需要在技巧上做一些刻意的练习了，而提升文笔的美感度、凝练度和深刻度是很多文友都比较关注的。

首先，文笔这个词大家都不陌生，也有一种说法是笔力，就是一个人的文字表达能力，具体来说就是描述生动巧妙、语言流畅深刻……当然，现在只要你会写文章，都会被人称为“文笔好”。还有一个词是文风，和文笔是不同的，文笔有好与不好之分，而文风是指你自己文字的个人风格，尤其是在自媒体时代，这一点大家应该能够感觉到。

关于文笔的具体发展，我在“光明文学遗产”这个公众号的一篇文章《米晓燕 | 沈诗任笔》中找到了一段说明。

“文笔”一词的出现是在东汉时期，但用于文体意义上的区分则是在晋代。首先是用“笔”指公文类文章，用“文”指个人之作，公私对举是“文笔之辨”发展的第一个阶段；之后以是否用韵区分“文笔”，这是“文笔之辨”发展的第二个阶段；到梁元帝萧绎《金楼子·立言》篇中，将“神其巧惠笔端而已”的作品称为“笔”，将“绮縠纷披，宫徵靡曼，唇吻遒会，情灵摇荡”的作品称为“文”，则为“文笔之辨”发展的第三个阶段。“文笔之辨”经过3个阶段的发展，成为中古文学理论的一个重要论题。

这些我们了解一下就好了，那具体如何才能提升文笔的美感度、凝练度和深刻度呢？

我先说一下美感度。有些文字读起来特别美，这是一种感觉，再仔细拆解，就不难发现，美的文字描述一些场景、风景都特别的生动，会让你觉得，哇，我怎么没有发现？这里有一个方法，那就是多读诗歌，而且可以仿写。我家里就有一本《最美的诗歌大全集》，我没事就会随意翻一下，翻到哪里就读几句，比如，有一首诗歌是陈敬容的《窗》，我们看一下前几句。

你的窗开向太阳
开向四月的蓝天
为何以重帘遮住
让春风溜过如烟

大家仔细感受一下，眼前是不是出现了蓝天、厚厚的窗帘、太阳……当然，每个人的审美不同，对美的感知也不同。总之，要多读美的文字，最好是试着自己写一写。

再说凝练度和深刻度，我将它们放在一起的原因是，越凝练的语言其实会越深刻。要让自己的语言表达精练而且有深意，仿写金句是一个非常有效的方法，金句包括名人名言，或者任何你自己喜欢的句子。

为了更好地进行自我刻意训练，我在朋友圈每天都会分享“维忆呓语”，让自己每天至少要写一个语言凝练的句子。这个方法被学员们用了一段时间以后，都反馈说语言比以前凝练多了，你可以试试看。

其实，文笔提升的背后，要提升的是你对生活觉知的敏感度，以及你的系统思考能力。如果你都无法感知微风拂面的那种愉悦，走在阳光中只会担心自己会被晒黑，要提升文笔的美感度还是很难的。而你对于发生在生活中的事很少安静下来去想一想背后的东西，要提升文笔的深刻度更是没有可能。

文笔除了这 3 个维度之外，还有一点也特别重要，那就是文章的真情实感。大家喜欢读的文章，不见得都是文笔华丽，而是内容传递出来的情感真挚。我家里有本很旧的书《怎么样写抒情文》，是我初中的语文老师叶老师送给我的，作者总结了如何写出有真情实感的文章，一共有 3 个要点。

第一，真挚的感情

作者说，抒情文是作者心灵的歌声，这一点我特别有感触。就算今天我们写的是自媒体文章，那也应该保持真情实感。在古代就有人提出，情是文章的“经”，语言文字是表达事理的“纬”，这是创作的根本所在。

一篇文章即使文采华丽，但如果感情寡淡，不真实，读起来也是让人感到乏味和不可信的。我的文章和我的人一样，最大的特点就是真实，我其实没有什么文采，但是我写的都是我最真实的感受，包括你此刻阅读的这些文字，相信你能读到这里，一定也是感受到了我真挚的感情。

第二，细致的观察

巧妇难为无米之炊，要想写出动人的感情和故事，一定要有细致的观察，而且要日复一日地练习。我大四那年做实习记者，实习期间很多篇报道都是头版头条，这对于实习生来说是非常难得的，而我唯一的秘诀就是善于观察。

善于观察的唯一秘诀就是要对遇到的一切抱有好奇心。我记得有一篇新闻是关于公园里老人们唱歌的事情，在一个小公园里有个舞台，老人们自发组织表演节目，但涉嫌扰民，政府要拆除。

我在周末逛公园的时候，发现一堆人围着，就跑过去打听，并且捕捉到了这个新闻，在写稿之前，我把那个舞台的台阶有多少级都数得清清楚楚。

身为一个作者，一定要比别人对这个世界多一分好奇，多一点细心观察。

第三，新颖的立意

这点无论是对于发布在传统媒介的文章还是今天的自媒体文都是非常重要的。作家茅盾就说过："作家必须要有眼光！"这里的"眼光"就是指选题和立意的新颖独特，这个也是新手作者最头疼的，但其实也不要太介意，原本你的想法就是独一无二的。只是随着我们对自身写作能力的要求越来越高，我们会去思考如何才能写到用户的心里去。

当然我最后还是要说一下，对于写作新手，先不要管那么多，只管去写就好了。

第十四节　8 个方法让你随时随地练习写作

从开篇我就一直在强调，一定要先写起来，因为无论你学习了多少写作技巧，都是需要在日常的写作练习中不断夯实基本功的。古典老师在《跃迁》中提到成为作家的四大要点，其中一点就是要坚持每日练笔。他说要想尽早完稿，就必须养成每天写完固定篇幅的习惯。哪怕每天只写一页，日积月累的话，思维也会变得灵活，能更迅速地融入作品的世界。可见“每日练笔”的重要性。

我将自己持续写作过程中应用的一些方法总结了 8 个，学员们都反馈说非常好用，我有一个学员上完我的私房课后，她说其实写作也是可以定投的。我觉得这个说法特别好，就是说，我们把每天写一些文字，看成是自己对写作事业的定投。

我们一起来看一下具体的方法。

第一个方法：命题作文

提到命题作文大家想到了什么？一定是小时候写作文的经历吧？我记得那会儿我们还会背作文，一般就是我的爸爸、我的妈妈之类的。有命题，就不存在写不出来的问题。

我说的命题作文范围很广泛，你每天要写的计划和复盘、老板要你写的项目报告、你要写的会议纪要，甚至是你给孩子写的评语，把这些都当成命题作文吧，不要介怀你写的是什么，只要是用文字在表达，都是在练习写作。

第二个方法：写成长日记

这个方法是我研发的，我先在培训课测试，大家都觉得有效果，我又组织了一个3天写作行动营，很多小伙伴都说，可以动笔了。

那么什么是成长日记呢？就是结合你在生活中的点点滴滴，提炼出一个观点来。我们每天都会经历非常多的事情，你把事情描述出来就是故事，提炼出来就是观点。

具体可以分为3个部分。

第一部分：真实描述一件事情。

第二部分：描述这件事情带给你的感受以及你的情绪等。

第三部分：总结出这件事情给你的启发，至少3点。

你只要按照这个模板练习，就会有非常惊喜的收获。

第三个方法：看电影电视剧新闻热点记录感想

不用担心不会写影评剧评不会追热点，首先你要养成一个习惯，那就是把自己看电影电视剧、看到新闻热点的感受记录下来，或者气愤或者感动，或者是你觉得对自己有用的知识和方法。

你只有先写起来，才有可能写好。如果实在不知道写什么，你就去浏览一下微博热搜，看看今天有没有新的热点，你也可以去看自己喜欢的电视剧、电影、娱乐节目等。在这个过程中，留意自己的感受，是开心的还是难过的，同时，问自己几个问题。

（1）这个故事或新闻讲了个什么事情？用自己的语言描述。

（2）故事里面透露了什么观点？

（3）有什么方法可以借用？总结3个出来。

哪怕你没有任何感受，那也可以把故事记录下来，这也是非常好的文章素材。

第四个方法：自由书写

和大家分享个小秘密，就是在不知道要写什么或者很累的时候，我就会随便写，手写，电脑上写，怎么舒服怎么来。

自由书写很随意，一张纸、一支笔、一段充裕的时间就能满足。当然现在随身携带笔和纸很不现实，而且都是碎片时间，很难凑到一起，那么大家可以用手机的备忘录，也可以用讯飞语音写作。

自由写作讲究的是快速下笔，如果你想提高文章的质量，建议将修改文章的时间留在明天写作前，一方面让大脑保持清醒，在修改的时候能够发现更多存在的问题并加以改正，另一方面也有助于提前让自己进入写作状态，更高效地进行写作。

刚开始，你可以尽量选择一个固定的时间、固定的地点，强迫自己写作，并持续 15 分钟以上。不管写什么，中间都不要停，不要管错别字、不要在乎语法、标点是否正确，只管将自己内心的想法写出来就行。坚持住，21 天就能养成一个习惯。

总之，一定要让自己每天都写一些文字。

第五个方法：发朋友圈

你也可以同时发布到其他自媒体平台。这里说的发朋友圈，不是随便写的，要具备两种思维方式。

（1）用户思维：你是写给谁看的？

（2）目标思维：你写的目的是什么？

发朋友圈是一个典型的写作场景，不仅能锻炼写作能力，还能得到及时的反馈，大家也要利用好。

第六个方法：给别人的文章留言

平时看到自己喜欢的公众号文章，可以进行目的性阅读，读之前给自己一个任务，读完以后写一条两三百字的长评论。有了这个小任务，读文章的时候也会比平时更认真，提升阅读效率。两三百字的评论虽然不长，经常练习也能提高自己的写作能力，尤其对未来想写长书评会很有帮助。

第七个方法：写感恩日记

语言是一种力量，文字是一种指令。如果每天大量地感恩，你的人生就会以你现在意想不到的方式改变。每一次你觉得感激时，就是在付出爱，而你给出去什么，就会接收到什么。

坚持写感恩日记，会有 3 个好处。

（1）用心发现身边的美好。

（2）找回自信。一个经常感恩的人，会发现自己拥有特别多，而且关注点也会从“我缺什么”转到“我有什么”上来。

（3）缓解压力和焦虑等负面情绪。

感恩日记没有特定的格式。我常用的一个模板是具体事件 + 你的感受。比如，早上老公为你准备了早餐，你的感受是什么？你可以直接表达你的感受以及对他的感谢，这个就是最简单的感恩日记的写法。

如果实在不知道写什么，那就先从感恩身边的人开始吧。

第八个方法：写复盘文

一个是按照时间来复盘，比如，年度复盘、月度复盘、季度复盘；还有一个是专项复盘，主要针对具体的事情。

我认为写复盘文有 3 个作用，分别是：吸取教训，避免重复犯错；传承经验，让好的经验不断迭代；追根究底，找到问题背后真正的原因。

关于复盘，我将其分为 5 个步骤：回顾目标、目标评估、活现过程评估原因、总结规律、制定行动计划。

这都是经过我实践证明非常有效的，你可以选择自己喜欢的方式先写起来。不要担心写得好不好，你当下写的每一个字，都有可能成为未来你文章中的素材，或者你新书中的一部分内容。

加油，写起来吧！

第十五节　新手写书的 3 个阶段

我们都知道，很多人都想通过写作变现、打造个人品牌和出书，而出书显然是最好的一种回馈。

我这本书不是专门讲如何写书的，但我可以将一个新手写书要经历的 3 个阶段分享给你。你可以看一下自己此刻处在什么阶段。

每个作家都经历过新手阶段，我也不例外，而且此刻的我，也只是比新手稍微经验丰富一点而已，距离成为真正的作家还有很长的路要走。你想要出书的话，一定要先搞清楚这 3 个阶段，在我看来，经历过这 3 个阶段，出书对你来说就是顺理成章的事情了。

第一阶段：完全不知道写什么

说实话，我也是开始教写作后才得知这个真相的。因为在以往的认知里，写作应该是人人都会的。那么，为什么很多人在想要开始写作的时候，完全不知道写什么呢？这里有一个特别重要的原因，那就是大多数人已经失去了思考的能力。

从小我们都养成了被动接受各种各样观点的习惯，而很少主动深入思考。你回忆一下，除了上学考试，必须冥思苦想出一个答案以外，你还有过类似的经历吗？其实很多人都没有了。

而写作就是需要这种精神，凡事要搞清楚为什么、怎么办，就像我们小时候考试，看到一个题目，你需要调动自己过往的知识，通过一系列的思考找到答案，哪怕这个答案是错的，你也必须选择一个答案，除非交空白卷。

细想，这和写作是不是同一个道理？你写不出来，换句话说，你就是懒得思考。为什么那么多人热衷于刷剧刷抖音停不下来？就是懒得动脑啊！所以，如果你此刻的阶段就是不知道写什么，我建议你问问自己，是不是懒得思考？千万别拿自己没有天赋、没有时间来骗自己。

那么，如何应对呢？在上一节我分享了 8 个方法，你随便选择一种，都能写起来。

第二个阶段：一写就停不下来

一般当我们突破了第一个阶段，就会进入第二个阶段。当然如果你还是停留在只能写一句话，那就还在第一阶段。有段时间，我的学员棉棉总是找我抱怨，说自己只要一开始写作就停不下来，感觉想说的话太多了。

我立刻说，太棒了，说明你成长了。当你开始找到写得停不下来的感觉，那说明你进入了自由书写的心流状态，这对于写作者来说，是非常棒的一种体验。

比如，当我的想法通过敲打键盘，一个一个地出现在面前空白的文档上，听着键盘噼里啪啦的声音，内心就有一种特别愉悦的感觉。这种感觉无法言说，只有懂的人才懂！

当你开始有这种感觉，说明你有了自己的思想，在写作的当下，你的灵魂是自由的。我一直认为，一个好的作者，一定是在某方面获得了灵魂的自由，才能够持续不断地输出自己的观点。

所以，如果你进入了第二个阶段，那么恭喜你，你算是开始脱离写作新手了。

在这个阶段，不要控制自己的思想，也不要过于担心自己是不是话痨，这一切都是正常的，放松去写就好了。你写的每一个文字都非常宝贵，毕竟我们也没有指望着那么快就去拿诺贝尔文学奖。所以别被那些无关紧要的担心，扼杀了你对写作的热情。

第三个阶段：对文字要有的放矢

自由书写是一种很棒的体验，但写作为啥被说成是辛苦活呢？因为，但凡你想要自己的文字被更多人知道，比如，形成一本书出版，或者开始把写作当成养活自己的一门手艺，你就要对自己有专业的要求了。

所谓永远不要用你的业余爱好去挑战别人吃饭的本事就是这

个意思。这个阶段我总结了一句话，对文字要有的放矢，这是对应第二阶段的自由书写而言的。

有的放矢原本的意思是放箭要对准靶子，比喻说话做事有针对性。我用在这里想要表达的是，我们要斟酌自己书写的每一个文字，不说多余的废话，所有文字都是要为你的文章主题服务的。

具体的解决方案就是要修改，在这一章的第十节对于如何修改文章讲得很详细，忘记的话可以回头去看。

这就是我总结的 3 个阶段，了解完自己所处的阶段后，我也总结了 3 个步骤，可以让大家尽快摆脱新手身份，写出人生的第一本书。

《精益创业》是我特别喜欢的一本书，书中将创业分为 3 个阶段，也可以理解为 3 个步骤，完全可以对应我们如何摆脱小白的心态。

第一步：把想法变成产品

也就是说，你想创业，就得先把想法变成产品，因为想法是无法让客户买单的。

对应到写作，就是你得先写出来，如果不写出来，你怎么知道自己写得好不好呢？

第二步：要对正确的产品形态进行重点投入

公司同时研发了几个产品下到市场，反应好的，就加大投入。

对应到写作，就是当你写了一段时间，发现哪些是自己喜欢写的，读者也喜欢的，就聚焦去写。我就是经历了一个阶段后，才主要定位写成长励志和职场的。

第三步：爆发式的增长

经过了前面两个步骤，企业会开始迅速地增长。

对应到写作，就是你开始稳定地上稿了，而且是在多个平台去上稿，提高知名度，或者你的自媒体账户运营得越来越好，有了粉丝和收入。

当你完成了前面 3 步，相信我，你就可以开始写书了。

祝愿每一个写作新手都能早日写出人生的第一本书。

第十六节　小练习

我们一起来做个小练习。

第一步：写出一件你今天经历的印象最深刻的事情。

第二步：写出最触动你的点。

第三步：通过这个最触动你的点，总结出一个以后你自己能用得上的方法。

第四步：就这件事情，如果你要让你的朋友吸取经验，你会分享哪 3 点？

第五步：用我们分享的取标题的方法，尝试给你刚才写的文字取个吸引人的标题。

第六步：结合我们分享的开头的写法，看一下你的这段文字的开头还可以如何优化？

第七步：结合我们分享的结尾的写法，看一下你的这段文字的结尾还可以如何更好地优化？

第八步：结合我们分享的修改文章的步骤，看一下你的这段文字有哪些需要修改的？

恭喜你，你完成了一篇文章，无论多少字，这都是一篇完整的文章。你可以发到朋友圈或其他社交媒体，和别人一起分享吧。

第三章

输入力——持续输入才能持续输出

写作是输出，要想持续输出就一定要有持续输入，而且输入的时候工序越复杂感觉越难，当你输出提取的时候就会越容易。麦克莱恩发明集装箱的故事特别好地诠释了这一点。

在集装箱被发明出来前，装卸货物主要依靠大量的搬运工人，等到有空船到达，工人们便开始像蚂蚁搬家一样，将堆成小山的货物装进麻袋、桶、捆包或者板条箱中，一件一件搬运到船上。港口延误和堵塞是家常便饭，有时装卸一艘大船要花上整整一个星期时间，费力费时又费钱。

麦克莱恩发明了集装箱，货物从工厂被直接装到集装箱中，用货车拉到码头，用起重机转运到轮船上，到达离目的地最近的港口后，再用货车拉到目的地。

如果把货运比作写作，那么货物从工厂装到集装箱就是输入，到了码头卸下来就是输出，有了集装箱后装的时候看起来比以前复杂,但卸的时候显然就容易了很多。写作也是一样,输入的时候，将素材分类整理好，那么在写作输出的时候，调取就会方便多了。

就持续写作，我总结了一个公式：持续写作 = 持续输入 + 深度思考 + 持续输出。第二章的写作技巧部分对应的就是持续输出，在第一章的认知部分我从多个维度分析了深度思考对于写作的重要性，这一章我们重点讲输入。

具体如何输入呢？让我们一起来看一下。

第一节 持续输入的重要性以及3个途径

古典老师在《跃迁》中说过这样一句话："越是开放的市场，越是需要专注于核心竞争力。越是开放，越是聚焦——这是一个高手的时代。"的确，今天这个时代比以往的任何时代机会都多，不夸张地说真是处处有机会，对于我们写作者来说也是如此，以前写一篇文章想要发表，得把稿件寄给杂志社或者报社，今天只要你愿意，有非常多的自媒体平台供你选择，你可以随时发表你的作品。也正是如此，就越需要你更加专业，身为一名写作者，能够持续输出是构建核心竞争力的前提，而持续输入是确保你能够持续输出最有效的途径。

为什么一定要输入呢？我分享一个自己的故事，自从10岁那年发愿要成为作家之后，我就在小学的时候尝试写小说，故事就围绕着当时上学时的真实经历展开，女主人公的名字叫作夏影，当初我写到男女主人公谈恋爱、要结婚，就写不下去了。因为我上学的时候没有谈过恋爱，我不知道男生和女生在一起要干吗，结婚是怎么回事就更不知道了。

后来我才知道，一部作品中所有的故事不一定都是作者亲身经历过的，身为一名写作者，我们其实可以通过输入来补充自己某些领域的知识或经验的不足。就以我自己写小说为例，如果当初用心观察身边的夫妻，或者看电视剧的时候，可以看看人家是如何生活的，当然如果能找到有经验的人问问就更好了，也许我那篇小说早就写完了。

不过，就像我之前说的那样，每个文字都有自己的宿命，或许当年那篇小说的命运就是那样的，接下来我要继续写完。

关于如何持续输入，我总结了 3 种途径。当然我的观点你不一定要百分之百认同，你可以结合我的方法，总结和提炼适合自己的。

比如，有些小伙伴就是看不进去书，那也不用特别强迫自己，我身边就有不爱看书的朋友，但是她非常善于从别人身上学习，能通过和身边的人交流、相处学习到很多，其实这也挺好的。再比如，有人是视觉化学习，看书吸收很慢，但是在一些有场景的场合吸收知识就很快。

洪晃老师在一次直播中说，她看书很杂，而且每本书读到自己想要的东西时，就不会读了，因此有很多书她其实都没有读完。所以并不是所有人读书都要完整地读完，我们每个人生而不同，适合自己的才是最好的。

输入方法和找素材的方法还是不同的。后者主要是教你如何从日常生活的点点滴滴中发掘到可以用到文章或者书中的素材，这些素材可以帮你提炼出主题，带给你灵感。

如果把写作比喻成一个人，我们每天都要吃饭，同时也需要锻炼和补充营养辅助食品，让我们的身体更加健康，不吃饭就会饿死，但没有锻炼和补充营养辅助食品，其实并不影响我们每天活着，但长期锻炼和服用营养辅助食品，我们的身体状态一定会不一样。

素材就相当于是我们每天都要吃的饭，而持续输入就相当于锻炼、营养辅助食品等，会让我们从更高的维度去看待写作，更注重如何提升自我，继而助力我们持续写作。

具体的输入途径，我总结了 3 个，先让你有个概念，后面我会用 5 节内容具体讲如何高效输入。

第一个途径：书本、影视剧、娱乐节目、音乐等。

第二个途径：身边的高手。

第三个途径：自己。

无论是哪一种输入方式，都要遵循一个共同的规则，那就是一定要持续并且要有规律，不能一会儿输入一会儿又不输入了。这样就相当于你去健身，三天打鱼两天晒网，其实效果和没有健身差别不大。如果你喜欢读书，那就每天读，或者每周读，这个读书量可以按照你的实际情况，但一定要持续有规律地阅读，不要这个月读一本，隔了好几个月再读一本。

接下来就让我们看一看，具体如何通过这些输入方式助力写作吧。

第二节　像图书编辑一样阅读

身为一个持续输出内容者，阅读是我们非常重要的一个输入途径，但读书视角要转换成编辑，要带着“挑刺”甚至是“批判”的眼光看书，这样就能更好地学习一篇文章或者一本书的风格、结构。如果是普通的阅读者身份，那么当你觉得一本书枯燥无味时可能就会选择不读，而如果从编辑视角出发，那么你就会思考为何这本书让人读起来如此无味，要怎么调整才能够使可读性更强，也就是说，视角转换后，你对于文章和书会更有包容性。

那么阅读对于一名作者来说有多么重要呢？在《蔡骏 24 堂写作课》中有这样一段话：阅读是写作的基础。世界上所有伟大的作家，无一例外都是高明的、独特的阅读者。作者甚至说，一个作家的阅读量决定作家的高度。既然阅读对于我们来说这么重要，那么我们阅读的书的种类一定不能仅限于自己喜欢的，我将其分为以下 3 类。

第一类：认知类的书

认知的重要性我就不赘述了，这也是为何我在“六力”模型中将认知力列为第一个的原因，尤其是如果你要涉猎一个新的领域，更是要主动阅读关于那个领域的底层逻辑的书。比如，读起来比较吃力的《动机心理学》就是心理学书籍里面相对能够升级认知的书。再比如，如果你是内容创作者，那就一定要看《行为设计学》，里面的峰值时刻是非常经典的。

那么阅读这类书，对我们输入有什么好处呢？主要分为两个方面。

第一，拓宽我们对整个世界的认知，因为写作和生活以及生命本身是密不可分的。我第一次看古典老师的《跃迁》，书中讲到一个“知识晶体”的概念，我第一次知道知识分为一手知识、二手知识、三手知识，因为我刚好是在写自媒体文章，一下子就懂了。比如写一篇文章，为了更好地表达我的观点，我要去查找很多的资料，而这些资料有些来自书，有些来自网络，所以公众号的文章，除了极少一部分的确是源头知识，大部分都是二手、三手之类的知识，营养价值并不高。

我写这本书的初心，也是想要将我理解的自媒体文章的写作底层逻辑和通用的方法分享给大家，我将其总结为写作“六力”模型。希望大家看完本书后，对自媒体文章的写作有更高维度和系统的理解，而不是简单地教大家取标题、列提纲之类的技巧。

第二，能够不断升级我们对写作这件事本身的认知。我特别喜欢《当你不安的时候，就坐下来写》这本书，它唤醒了我对于写作疗愈的兴趣，以前我不太懂什么是自由书写，也不知道原来书写真的是有疗愈功能的。还有《成为作家》，这本书也是让我对写作方面的很多认知都有了迭代，比如，书中提到一个点，就是很多作者在写作之前，首先要解决的是能不能写作的信心问题，这也是写作“六力”模型中会有认知力的原因之一。

当然，认知类的书看起来会比较烧脑甚至有些枯燥，但是作为一个写作者，千万不要害怕烧脑，而是要像编辑一样读书。

第二类：文学类的书

很多人特别喜欢看文学类的书，比如小说、诗歌、散文等。我记得初中的时候，每天晚上都会躲在被窝里读三毛的小说，后来被宿舍的其他同学发现以后，大家就一起听我读。相信很多文友都有躲在被窝里看小说的经历，而看文学类的书，除了可以满足自己情感上的需要，就输入来说，有两个非常重要的作用。

第一，提高我们对文字的敏感度。外语学习有个培养语感的过程，我们中文也需要培养语感，经典的文学作品，文字都是经过推敲打磨的，经常读经典优美的句子，也会提高自己对文字的审美。

第二，更好地学习写作技巧。以前我们躲在被窝里读小说，是因为好奇小说的内容，被小说中描述的世界所吸引，如今我们看文学类的作品，可以更多地学习作者的写作方法。就是说，我们不是单纯地从一个读者的角度去读书，而是要从一个作者的角度，看作者的选题、结构、大纲以及具体的写法。

阅读的时候可以思考，如果写同样选题的文章和书，你会怎么写大纲，如何设置情节。所谓“外行看热闹，内行看门道”，既然我们成为作家的种子已经种下了，就要多为这颗种子浇水灌溉。

第三类：工具类的书

这里指写作技巧方面的书，大家看这类书的时候，一定要在写作中运用起来，最终要形成自己的方法。就好比此刻你正在看的这本书，就是我自己总结的写作方法，你看完一定要用起来，这样才能变成你自己的。

尽信书不如无书，工具类的书往往都是仁者见仁、智者见智。我有个阶段比较喜欢一本教人怎么写作的书，当时这本书确实给了我很多启发，但我有几个文友，就吐槽这本书没有任何用处，最近因为写书我又翻出来看了下，确实觉得很一般。总之，大家要结合自己的实际情况选择适合的工具书。

那么，了解完身为一个写作者需要常看的 3 类书之外，如何找到自己的书单和适合自己的阅读方法也特别重要。

说实话，我其实挺害怕别人让我推荐书单的，因为我不知道对方为什么要看书，要看哪方面的书。我每个阶段都会形成自己的书单，成年人学习，一定要带着目的、带着困惑、带着去解决问题的心态形成自己的书单，这样阅读效率也会更高。

因为阅读对我们来说实在太重要了，所以我还是结合我的经验，和大家分享一下构建自己书单的方法。书单的形成，主要是分为两种方法，就是他人推荐和自己列书单。

他人推荐分为 3 类。

第一类：专业人士的推荐。在每一个细分领域都有一些很专业的老师，老师们都有自己的书单，会通过社交媒体、公众号等途径分享出来。还可以留意自己喜欢的老师的书单，比如，我个人是很欣赏杨天真的，我关注了她的小红书，她定期会在小红书推荐一些书单以及自己常看的书，我发现自己没有看过的，就会买回来看。一些我敬重的前辈的社交媒体，我都会定期去刷，包括朋友圈，发现一些我自己没有看过的书，都会列在自己的书单里，纳入阅读计划。

当然，你也可以直接找身边的人推荐，比如，经常就有学员让我推荐书单。你找人推荐的时候，一定要说清楚自己的需求是关于写作技巧的，还是认知的，抑或对方常看的、喜欢看的，一定要说清楚，不然被问的那个人不知道怎么推荐，一般就会委婉拒绝。

还有一个途径就是很多专业的课程都会提供书单，比如，我的写作课就会给学员推荐书单和影单。当然前提是靠谱的课程和靠谱的老师。

我们也可以从一些网络平台上获取书单，我推荐豆瓣和知乎，这两个平台的内容输出者专业性相对强一点，大家可以去搜索。

这是他人推荐书单的 3 个方法，当然你也可以自己列书单，有两个方法。

一个是我们在读书的时候，作者在书中提到的书，这是非常常见的，“以我”第一本书为例，其中提到很多我读过的书，如果你认可我，同时我读的书你没有读过，就可以列为自己的书单，因为我的书是属于成长类的，没有一个相关的主题，如果是专业类的书籍，这个方法是非常实用的，因为作者引用的书，一定也是很专业的。比如，我最近在看心理创伤方面的书，在彼得·莱文的《唤醒老虎：启动自我疗愈本能》一书中就提到很多专业的书，我就把这些书列入自己专题阅读的书单，这个方法大家可以多用。

还有一种方法就是作者提到的参考书籍。在有些书的最后，都会列明该书参考了哪些书、哪些论文，这些也可以成为我们书单的来源。有些出版社也会在书的最后推荐一些相关的书籍，这个都是非常可信的，大家可以放心列入自己的书单。

那关于具体的阅读方法，我认为要因人而异，依据自己的阅读目的，选择适合的阅读方法，没有任何一个方法是适合所有人的。我在进入知识付费领域的时候，上的第一节课就是阅读课，因为我知道一定要学会阅读方法。网上有各种教阅读的课程，我自己常用的就 3 种：快速阅读、精读和主题阅读。

快速阅读，一般的方法就是先看大纲，只看自己需要的部分。比如，我在升级我的写作课的时候，为了更好地完善写书技能篇的课件，我去深圳图书馆借了一批和出版图书有关的书回来看，有好几本，我就看了其中几页，其他的都和我要看的内容无关，这个就是快速阅读。不是所有的书都要全部看完的，看书是为了解决我们的问题，而不是为了看书而看书。

再就是精读，顾名思义，就是很精细地阅读，有些经典的书，我们都会定期重看，甚至会带在身边。比如，我常看的《乌合之众》，不同的时期读都会有不同的感受和收获。还有对你当下需要解决的问题特别有针对性的书，也是需要精读的。

主题阅读也是我非常喜欢的一种阅读方式。比如，我从 2021 年 9 月开始对自我疗愈感兴趣，我就整理了这方面的书单，一本一本地读，这个就是主题阅读。还有我前面提到的，为了升级写作课中关于写书方面的内容，我也会进行出版方面的主题阅读。

这 3 种阅读方法，你选择适合自己的就好了。

当然，现在也有听书 App，如果你确实不喜欢阅读，也可以选择听书，但我个人觉得需要精读的书籍还是要阅读纸质版本的，既你可以在书本上做笔记，也便于多次翻阅。

第三节　电影电视剧如何助力持续输出

除了阅读，日常生活中我们还会看电影、电视剧以及娱乐节目，这些对我们写作输出也是有很大作用的，尤其是可以给我们带来灵感，毕竟灵感不是你想要就能找到的。而就电影来说，可以从 3 个不同的角度给我们带来灵感。

第一个角度：情绪的带动

电影一般会集中在两小时左右讲完一个故事，而且我们一般都在电影院里或者相对比较封闭的环境中观看，相比其他方式，这会更容易带动我们的情绪。比如，《心灵奇旅》这部电影很火的时候，身边很多朋友都多次进电影院去刷，每次和不同的朋友去，都会有不同的感受。

我也和闺密一起去过，刚看完的那几天，我的工作节奏明显就慢了很多。还有贾玲导演的《你好，李焕英》，很多人看完都在电影院哭得稀里哗啦，那么身为一个写作者，在这样情绪的带动下，一定会有源源不断的文字从脑子里跑出来。

第二个角度：电影可以帮我们唤醒难以忘记的事情

很多事我们以为忘记了，其实都隐藏在心底，包括开心的事和不开心的事，而相似的剧情可以唤醒我们的记忆。前阵子我重新看《阿甘正传》，让我也想起了自己不怎么愉快的初恋以及我对写作的坚持，我还专门把小时候的日记本拿出来翻看了一会儿，这些也会触动我写一些文字。

第三个角度：会引发一些价值观的讨论

这个我在素材的部分有讲过，具体方法就不讲了，从输入的角度来说，就是可以锻炼我们的思维能力。以《阿甘正传》为例，里面涉及的亲情、育儿、爱情以及对事业的执着，都是值得我们思考的，结合自己的实际情况，会有一些启发。当然前提是我们看完电影，愿意去做这样的思考和练习。

这是电影在输入方面给我们的帮助，接下来再看电视剧和综艺节目是如何助力持续写作。

电视剧和综艺节目在输入方面最大的作用就是，我们可以更加直观高效地看到很多人和人之间的故事，人和人之间是如何相处的。

大家还记得在本章开篇我说过的自己小时候写小说的故事吗？就是因为不懂得这个道理，才以为自己写的一定要亲身经历才行，因为文学作品本来就是来源于生活，现在很多综艺节目，也是很真实的生活展示，不夸张地说，综艺节目就是把每家每户的大门打开，让你去看人家是如何生活的。因此，平时我们看电影看电视剧看娱乐节目，不仅仅是为我们平时的创作积累素材，同时也是一种特别好的输入方式。

所以休闲的时候就可以毫无压力地追剧了，不过，无论你是为了积累素材还是写作输入，都一定要记得随时做记录。

第四节　音乐如何助力持续写作

你肯定有过这样的体验，当听到一首音乐时，你的心情会因为这首音乐而变得开心或者低落，抑或使你想起了某件事某个人……在电视剧《天道》中，芮小丹在丁元英家里听到《天国的女儿》这首音乐，整个人都被击中了。因为实在无法忘怀听那首歌的感觉，继而才引发了后面的故事。

音乐可以带给我们穿透灵魂的力量。

在《李欣频的文案课》中，李欣频老师专门指出，挑音乐是很重要的。无论是写文案还是进行其他创作，她都会选定音乐之后再开始。这有助于在经常被打扰的环境中，维持一个固定的频率场，并可以保持写作风格的一致性。

而除了李欣频老师说的维持固定的频率场，音乐最重要的是可以帮我们开启写作流。就写作输入来说，音乐可以辅助唤醒我们内心真正的力量，有的音乐你听着听着就会感觉脑海中冒出非常多的想法，如果你有冥想习惯，对此应该有体验。

我从 2021 年起开始收集一些自己听着特别有感觉的音乐。比如，在写这部分内容的时候，我就循环播放《Lovely day》，舒缓的节奏，很舒服的女声，和敲打键盘的声音混合在一起，有种特别不一样的感觉。

因为每个人对音乐的感受是不同的，你可以多听听，找到自己听着非常有感觉的音乐，形成自己的“音乐库”。把自己喜欢的音乐单独放到一个“写作”的文件夹，当开始写作时，就找到一首歌曲打开听。

而且，一首歌的创作背景，还有歌词本身，既可以成为我们写作的素材，也是我们非常好的灵感来源。歌词都是非常精练的，和诗歌一样，多研究，多仿写，也可以提升我们的文笔。

所以，从今天开始，慢慢形成自己的音乐库吧！

第五节　向高手学习如何助力持续写作

向高手学习是我非常喜欢的一种输入方式，因为我把和高手相处看成是一个照镜子的游戏，一方面能照出高手身上闪光的地方，同时也能照出自己身上不足的地方。这样就既能发现自我提升的点，又能学习到高手的思考方式、做事方法、更高维度的智慧，不仅仅有利于持续输出，也有助于个人成长。而当我们成长了，反过来又能致力于输出。

如何向高手学习？我总结了两个词：多看和多想。

我们看的是高手具体做事的方法，想的是对方背后的思考逻辑。

多看就是要时刻注意高手的所想所做，看他在什么场景下，采取了什么行动，获得了什么效果。而多想就是不能只满足于学习对方的思考方式，而是要看行为背后的认知。

多看的前提是一定要不断提升自己的洞察力，你得首先能发现高手值得自己学习的地方，才有学习的可能，不然一座再大的金山摆在面前，认不出来也是白搭。

那什么样的人是值得我们学习的高手呢？其实高手就在你身边。孔子曰：“三人行，必有我师焉。”你的身边一定有各个领域有所成就的朋友，不管是多大的成就，一定有值得我们学习的地方，可以定期请他们吃个饭，或者约个下午茶，和他们聊聊，顺便还能加深一下感情。

我的闺蜜噜啦啦就是我身边的高手，针对一些事情，我都会主动问她，为什么那件事情她要那么做？她是如何思考的？还有本末堂的堂主梁琪，平时我喊她琪姐，每次和她聊天，我都会受到一些启发，尤其是在身心自我疗愈方面，她在关键时刻给予了我特别重要的指引。

另外在相处的过程中，也要多留意高手们是如何做事的，他们做事的具体方法和技巧对我们也是有帮助的。我只要有机会，就会在本末堂默默看琪姐处理事情，过程中总是能有所收获。因为万事万物的道理都是相通的，写作想要做好，也是要看综合能力的。而高手的思维方式和做事方式，也能助力你的写作事业。

具体如何向高手学习，我总结了 3 种方式。

第一种：付费学习

这个是最简单直接的，高手的收费项目一般都有课程、咨询、一对一的陪跑等。以我自己为例，如果想要学习写作技巧的话只需要上我的写作课就可以了；想要人陪伴写书，得到一对一的指导，那就需要购买我的一对一写书顾问；如果想要有人陪伴成长，将写书作为一个长期的规划，就可以购买我的一对一服务；如果对写作有困惑，也可以购买我的一对一咨询服务。所以付费向高手学习前，要先具体了解高手有哪些付费项目。

当然，前提是高手有推出收费的项目，如果没有的话，这种方式就不适合。

第二种：项目合作

这也是为什么很多名人不愁找员工的原因，和高手共事是最好的一种学习方式。有一个大咖，招聘助理的条件是除了通过面试，助理还要给他钱，他说助理跟他共事一段时间，绝对就赚回来了。这也并非夸张，“听君一席话，胜读十年书”，其实说的就是这个道理。

第三种：和高手线下的见面私密交流

这是我认为最好的一种方式，因为在比较私密的见面场合，大家都会聊很真的内容。我甚至觉得，这才是真正的私董会，因为现在市面上有很多的私董会、闭门会，费用很高，虽然从增加人脉方面来说肯定不错，只是不见得说的东西都是那么真实。

我很幸运，在初入职场时，就是公司老板的直接下属，我在公司干了 9 年，等于向老板学习了 9 年，而且因为对接项目的需求，我打交道的人都是老板、部门经理级别的，再后来转型互联网，打交道的都是银行的高管，而且我是负责业务的，所以就有非常多的机会参加各种小型聚会。因为大型的会议，大家讲的一些东西都是公开的，反而不多的几个人在一起吃饭、喝茶聊天，这个过程中会聊一些特别的内容。

所以，就算如今我是自由职业，我也会定期参与一些这种小型聚会，如果你们身边有牛人，一定要找机会多参加这样的私下见面聚会。

那么，如何将向高手学习的内容转化为文字呢？我总结了两个方法。

1. 随时记录

对方说的话，讲的故事，一定要随时记录下来，自己因为对方的启发而产生的一些观点也需要随时记录下来。这个就不多说了，一定要记得好记性不如烂笔头。

2. 深入思考：是什么、为什么、怎么做

就是说，我们和高手聊完天，记录下来，还要结合自己的实际情况进行深入思考。

千万不要以为自己能和牛人聊天，或者身边有牛人，自己就是牛人了，实际上并不是这样的，一定要搞清楚聊天的内容，思考为什么会是这样的，如果换成你，你应该怎么做？

当然，除了参加各种聚会，多留意高手做事，还可以自己主动组局，邀约高手相聚，顺便学习，一举多得！

第六节　向自己学习如何助力持续写作

学习完了如何向书籍、影视剧、音乐和高手学习，现在到了最重要的一个途径，那就是向自己学习。

其实我们所有对外的学习都是为了开启自己内在的智慧，自己才是自己最终的老师。我们写出来的文字，都是世界在我们眼中、心中映射出来的，无论学习到多少知识，你最终还是要形成自己的知识体系，写作是创造，每一个文字都是我们用心感受用脑思考的产出。

那么如何向自己学习呢？我总结了两个方法。

1. 多尝试体验，不要对人生设限

实践出真知。在《不安的时候，坐下来写》这本书中，作者提到，为了创作，我们必须深深扎根，而不是活在边缘。这句话我非常认可，写作者对生命的体验，从根本上决定了文章内容的深度、广度和宽度。

就是说，如果你自己写的东西比较简单，或者不够深刻，其实是作者本身对生活的体验比较简单，感知到的也比较少。

这也是为什么我从小到大都能源源不断输出的很重要的一个原因。我出生在甘肃，10 岁那一年跟随父母搬到新疆，在新疆戈壁滩度过了我的青春期，20 岁那一年，一个人跑到黑龙江读大学，24 岁大学毕业，又一个人跑到深圳工作，然后在深圳成家立业，目前家人都生活在新疆，我一个人生活在深圳。

我毕业 10 年，在一家公司做了 9 年，从文员开始，离职的时候是核心高管，前老板是非常优秀的创业者，我从他身上学习到了很多。

后来因为想要实现自己的作家梦，在 2016 年我重新开始兼职写作，2018 年成为自由职业者。这几年，我从未中断学习，不断向内探索，从技能的提升到认知的迭代，再到身心灵方面的探索。

这一路，我从未给自己设限，一直在体验，而且我对美食美景充满好奇心，去过很多地方，未来还会去更多的地方。随着我不断的体验，我对于生命质量、情绪，对于疾病，和以前相比有了更高维度的认知，自然也就有了源源不断的产出。所以大家一定要多去体验生活，不要对自己设限。

2. 定期复盘

在本书第二章的练习方法中，我有提到如何复盘，包括写感恩日记、成长日记，都是非常好的向自己学习的方式。从自己的经历自我内观，你会发现一些你平时没有觉察到的，因为当我们开始书写时，我们的世界里是没有第二个人的，只有自己，一般情况下自己是不会欺骗自己的，也更能开启我们内在的智慧，这也是为什么文字具有疗愈作用的原因。

每当我开始敲打键盘，心里就会升起一种莫名的安全感，因为我知道我敲打的每一个字都是我内心真正的声音，我不用骗自己，往往这种时候我就会感受到一些不一样的东西。所以每当我的人生面临重大选择时，我都会书写，与其说是记录，不如说是让文字再帮我做一次选择。

这种奇妙的经历只有你切身体会才会有感觉，如果你恰好有缘分读到我这些文字，你可以试着记录一下此刻真实的感受，然后再读，就会发现一些惊喜。

总之，这一章里介绍的每个方法都很重要，你可以一一尝试，找到属于自己的独有的那份体验。

第七节　小练习

（1）你最喜欢的作家有哪些？分别喜欢他们的什么作品呢？为什么呢？可以重新再读一遍，看看和最初阅读时有什么不一样的体验。

（2）你最喜欢的电视剧是什么？

（3）你最喜欢的电影是什么？

（4）你最喜欢的小说？为什么？

（5）你最喜欢的散文是谁？为什么？

第四章

时间力——再忙也能有时间写作

时间力也是“六力”模型中非常重要的一部分，因为纵然你头脑里有很多灵感等着被“下载”，你也需要时间将其用纸笔写出来或者用键盘敲出来，抑或是用语音记录下来。实际上很多文友的确真是因为抽不出时间而放弃写作，所以一般报名我的写作私房课或是私教的文友，我都会提前跟他们确认是否能够抽出时间，如果确实非常忙，就会建议等有空的时候再来学习。这也是我开始探寻写作时间管理的原因。

毕竟大部分新手开始都是无法全职写作的，平时碎片化时间无法静心、晚上不能熬夜、早上起不来，所谓巧妇难为无米之炊，就写作这件事情而言，时间才是那个最重要的原材料。

但大家还记得那句话吗？时间像海绵，挤一挤总是有的。持续写作了 6 年，我用实践检验了这句话的正确性。我刚开始写作的时候还在上班，但我依然能够做到日更，最多的时候一个月发表了 24 篇文章，加上被废稿，一个月至少得写 30 篇。如今我是一名全职妈妈，独自照顾正在上二年级的女儿，家里没有请阿姨，每天要做饭、打扫卫生，当然我还需要一定的时间持续输入，但我依然持续每天写作。

艾丽斯·马蒂森在《写作课》这本书中讲到她就是在带孩子的同时开始写作的，为了挤出更多的时间写作，她选择雇用保姆、让孩子的爸爸参与到育儿中来，为自己不断挤出整块的写作时间。我的很多写作课学员有人利用下班后的业余时间写作，有人在孩子睡觉以后才有空写作。总之，只要你能提升时间管理能力，再忙都能抽出时间写作。

所以，在这一章我结合实践经验，总结出一套时间管理的方法，让你再忙也能抽出时间写作，让你的写作梦不再因为没有时间而夭折。

第一节 没有写作目标就无法管理好写作时间

在《快乐致富》这本书中作者提到了一个观点，就是除非你有目标，否则你不可能有效管理时间，而且目标一定要明确，不然你的时间分配利用就无关紧要。这点在写作领域尤其如此。我和很多文友就这一点有过很深入的交流，非常确认的是，的确很多人之所以认为自己抽不出时间写作，就是压根没有给写作定具体的目标，是写多少字，还是写多少篇。如果没有目标，那么你又怎么会分配时间给写作呢？

美国作家纳塔莉·戈德堡有一种防止写作拖延的方法，就是给自己设定一个具体的写作目标，开始可以设置 10 分钟的、20 分钟的，然后再不断延长。

所以，如果你发现你总是找不出时间来写作，就可以先定一个具体的写作目标。

以我自己为例，2021 年我的写作目标特别明确，那就是每天写一篇自媒体文章，同时写完一本书，就是你们正在看的这本书。其实当我定下这个计划时，我也不知道能不能完成，要知道我每天要花很多时间做家务和陪伴女儿。但定下这个目标后，我发现自己在规划时间时，一定会留出写公众号文章和写书的时间，其间刚好遇到视频号直播兴起，我知道这个很重要，但我还是没有占用写文章和写书的时间。

你可以试试看，为写作定一个具体的目标，你一定会尽最大的可能为实现这个目标而预留出时间。毕竟风口和红利每个时代都会有，但每个人的时间和精力有限，如果你没有任何的写作目标，那么，你肯定永远无法抽出时间写作。

那到底如何拟定自己的写作目标呢？首先，这个目标要吻合可量化、可执行、有时间点这 3 个原则，具体一般分为两种方式。一种就是按照时间来定即每天要写 10 分钟，还是 30 分钟，或者还是 1 小时。村上春树就曾说过，不管有没有灵感，每天一定在固定的时间开始习作，固定要写那么久，这就是非常具体的写作目标了。

还有一种方式就是按照数量来定，是每天写 300 字、500 字，还是每天写一篇文章。比如，我 2021 年的目标，就是每天写一篇公众号的文章，写一本书，这个就属于具体的作品数量。很多写书的文友都会用这样的方式，比如，每天写 2000 字书稿。

当然，目标不是定下来就不能变的，在目标管理中有个目标的调整。以我自己为例，我定的计划是 2021 年要日更公众号，要新写一本书。但是在执行的过程中，我发现因为每天的时间就那么多，在写书稿的同时，我没有办法确保日更文章的质量，所以对日更公众号的目标我重新做了调整。

无论你是刚开始学习写作，还是已经写了一段时间，如果你发现自己总是抽不出时间写作，那你就要停下来思考一下，是不是自己从未给写作定过一个具体目标？一定要记得，有具体的写作目标才能谈写作时间管理。

第二节 管理好精力和情绪是管理好时间的底层逻辑

写作时间管理的前提是要有具体的写作目标，而时间管理的底层逻辑是你要管理好精力和情绪。因为写作不是体力活，你有时间就可以的，你还需要动脑筋，耗费心神，所以对一个人的精力要求很高。如果你很容易犯困，精力难以集中，那么就算你把时间规划得再好，却每次打开电脑就想睡觉，或者写一会儿就很困，那也是白白浪费了时间。

所以，想要管理好写作时间的前提就是，你足够了解自己的身体和情绪现状，这样才能更好地制定适合自己的时间管理计划。

那么，如何才能管理好精力呢？市面上有很多相关的专业书籍，我在这里只分享我自己的心得，我觉得管理好精力的前提就是要先了解自己。我们人体是非常复杂的，而且还会受到情绪的干扰。美国作家艾伦·莱特曼就曾经说过，在这个世界上，只存在两种时间，一种是机械时间，另一种就是身体时间，当你的身体感到疲累时，你是什么都做不了的。

以我为例，大学的时候我就知道自己不适合熬夜。大四我在报社实习了一年，出版的是周报，每周报纸出来前一天，所有的编辑和记者都要加班，因为会有版面需要调整。而且第二天也要很早来到报社帮忙分发报纸给送报员（就是负责将报纸送到销售点的工作人员）。就是在那个时候，我发现只要前一天熬夜，第二天我一整天头都会特别疼。

大学毕业上班后，也常会因为赶方案、出差而熬夜，那第二天一整天我都会无精打采，关键是头疼得厉害，所以后来决定选择做自由职业，和这个也多少有点关系。很多人都会以为，写作的人都爱熬夜，因为夜幕降临灵感也会多一些，别人我不知道，但我的确很少熬夜，哪怕我在晚上忽然冒出来很多灵感，我也会选择先记录下来。

这个具体情况需要你自我觉察，只有非常了解自己的身体和情绪，我们才能更好地规划写作时间。因为不能熬夜，所以我的写作时间固定在早上。每天早上 11 点之前是我的写作时间，雷打不动。其间因为要送女儿上学，7 点到 8 点会空出来。固定好写作时间还有个好处，那就是家人也知道在这个时间段不能打扰我。

我知道有的文友就是属于夜猫子型的，到了晚上思路就特别的活跃，白天总是无法安心写作，那么，这类文友的写作黄金时间就是晚上，白天要补觉的。这部分的觉察是通过自我就能完成的，当然，如果有专业的渠道可以更好地了解自己，也是可以选择的。

除了了解自己，我们还可以通过一些具体的方式不断提升自己的精力，最简单的办法就是吃好喝好睡好。这里的吃好，不是简单意义上的把饭吃好，我自己的经验是，一定要持续服用适合自己的基础营养素。因为现在，我们吃的东西不再像是小时候能吃到的那么天然，而且随着我们年龄的增长，身体的吸收能力也在慢慢下降，这个时候，就需要通过服用一些基础营养素来补充身体所需。

定期喝水也特别重要，我们一旦进入写作状态，很容易忘记喝水，所以我都会在开始写作前，为自己准备一大杯温水。

最后就是睡好。关于睡觉，我的经验是，要找到自己的休息规律。我从 2021 年开始每天早起讲课写作，午睡 1 小时左右，晚上就陪着孩子一起睡，这样循环下来，我的睡眠质量变得越来越好。有时候早上起来会有些困，我会再睡个回笼觉，这样确保自己每天都是精力满满的。

关于情绪管理，我的经验是不要让自己过度陷入一些情绪中，而且一旦觉察可能会有事件影响到自己的情绪，一定要主动喊停。记得有一天上午，我正要开始写作，妹妹就打视频电话给我，主要是聊家里的一些烦心事。听她说了几分钟，我知道如果继续聊下去，我的情绪肯定会受到她的影响，于是我就告诉她，我马上要开始写作了，我们晚上再聊。

我用这样的方式保护了我的写作时间不受到不良情绪的干扰，其实，所有的事情都可以引发你的情绪，而我们也能让所有的事情都不能影响自己的情绪，如果你无法掌控自己的情绪，就会让准备好的写作时间白白流走。

所以，要想管理好写作时间，最重要的是管理好自己的精力和情绪。有一次有个文友对我说，很久写不出满意的作品让她很焦虑。我直接告诉她，其实你不是因为你写不出好的作品而焦虑，而是因为你过于焦虑，所以肯定是写不出好作品的，写作只是暴露了你原本的焦虑而已。

当你觉得自己输出有些困难，或者写作状态不好，一定要先觉察一下情绪，或者看一下自己的精力管理是不是出了问题，任何事情一定要从根本上去解决问题才行。

只有当你管理好自己的精力和情绪，才有可能管理好你的写作时间。

第三节　写完一篇文章等于完成一个项目

无论是写一篇文章，还是写一本书，都相当于是完成一个项目。职场期间我负责过公司的项目管理，还专门考了 PMP。IT 行业的项目管理流程一般包括 5 个部分：项目的启动、项目的计划、项目的实施及控制过程、项目的收尾和项目的后续维护。

对应我们写文章或者写书来说，其实书或者文章就是项目本身，当我们开始写了，就是项目启动，而在写之前，这篇文章要写什么、什么结构、用到什么素材，这些都是需要提前计划好的，实施和控制的过程其实就是写作过程，而文章写完之后我们需要不断修改，直到可以发表，这个属于项目的收尾，而且文章发表出去有人留言还需要互动，这个属于项目的后续维护。

既然是项目，最重要的就是进度把控。项目的每个阶段都需要时间，写文章也是，所以一定要提前规划好时间。

具体要写一篇什么样的文章，在项目管理中叫作立项，这个用平时碎片化的时间就能完成了，不用刻意预留时间，一旦决定了要写一篇什么样的文章，就需要开始做项目进度表。

首先要选择启动时间，就是定下来什么时候写，因为写作需要一个完整并且安静的时间，是无法用碎片化时间完成的，所以项目的启动时间非常重要。一般我写文章至少会给自己预留两小时的完整时间，确保中途不被打乱。

就写一篇文章这个项目来看，项目的启动、实施及控制过程是同时进行的，这里最关键的就是一定要提前预留好时间，而项目的收尾和项目的后续维护，也需要提前规划时间，如果习惯写完后放一天修改，也是需要预留不被打扰的时间段的。

以我写过的一篇文章《〈人世间〉大结局：网友吐槽这一家三口被强行洗白，有多少人能从头到尾都活得很明白？》来举个例子，你就特别好理解了。

1. 项目的启动

在看电视剧《人世间》的时候，我被主人公周蓉一家所触动，所以决定写这篇文章，灵感和主题在追剧的同时就定了。所以我这个项目的启动其实是在追剧的时候就完成的。

2. 项目的计划

明确主体后，我思考了大纲，调取了所有的相关素材，并且选择好了写作的时间，这就等于是完成了项目的计划。

3. 项目的实施及控制过程

当我在既定的时间坐下来写时，那就是到了项目的实施和监控过程了。

4. 项目的收尾

文章写完后，我要修改，然后排版编辑发布出去，这个属于项目的收尾。

5. 项目的后续维护

文章发布出去以后，会有读者留言和给予反馈，我要和读者互动，也有可能有其他账户申请转载，这都属于项目的后续维护。

怎么样，这样是不是非常清楚？如果你也刚好和我一样有过项目管理经验，就会更容易理解这一节的内容，如果没有，那也不用担心，这 5 个步骤相信你已经掌握了。

当你把写一篇文章和一本书当成一个项目来进行，就可以把写一篇文章拆分为 5 个具体的事项，每一个事项之间环环相扣，自然也会提高你的写作效率。

第四节　管理好写作时间
让你的时间更多

说了这么多，终于到了本章最核心的内容，那就是写作时间管理的秘籍。我不是时间管理专家，但很注重生活中的时间管理，尤其是从2018年成为自由职业者以后，时间对我来说更是极为珍贵，每一分钟我都力求合理利用。所以，我自称是写作时间管理的践行者。

很多文友之所以会忽略写作时间管理，根本原因是没有把时间等同于价值。有些人是真的不知道，有些人是知道但并没有深刻意识到自己的时间到底有多值钱。

在我的写作课上，我经常会和大家做这样一个互动：如果我向你借1000元钱和1小时，你愿意借哪一个？

很多人会选择借1小时，反正当初第一次听到这个问题的时候，我是这么想的。那是因为我从来没有把自己的时间和钱等同起来。而实际上，时间就等于是钱。李笑来在《把时间当作朋友》里说：每个人都有一个银行VIP账户，每天都会自动存入一笔86400元让你随便花，如果你今天不能全部花掉，就只能清零。这家银行的名字叫时间。

他把时间比作钱，让“时间就是金钱”这句话变得更加形象。其实世界对于我们，最公平的对待，就是给了每个人相同的时间，每个人每天都只有24小时，换算过来也就是86400秒。

所以，想要管理好写作时间，一定要先认清时间价值。我先和大家分享3个概念：时薪、价格、价值。

所谓时薪就是你每小时值多少钱。我们可以算这样一笔账，如果你一个月赚6000元钱，每天工作8小时，一个月22天就是176小时，平均1小时只赚34元钱。那我们再说写作，你3小时写一篇文章，稿费300元，每小时的时薪就是100元，如果稿费是 1000 元，每小时的薪资就是 300 多元，如果是 2000 元一篇呢？这个大家是可以算得出来的。

我第一次知道这个概念的时候还在上班，我算了一下自己的工资，心情很郁闷，这也让我特别有动力写稿，因为每发表一篇文章，我的时薪就越高。

再看一下价格和价值。价格也叫作价钱，其实就是说你值多少钱。这个是没有时间概念区分的，比如，你年薪 100 万元，你就值 100 万元，年薪 20 万元，就值 20 万元。

而价值不等同于价格，是无法用金钱估量的。举个例子，比如，你在一个公司做文员，一个月 5000 元，这就是你的价钱，但是因为你的老板亲自培养你，给你机会锻炼，所以你在这个公司的价值绝对不止你每个月拿到的 5000 元。

价格和价值最大的不同是，价格是别人给你定义的，别人自然也能随时拿走，可价值是自己定义的，别人是无法拿走的，而且你还可以用自身已存在的价值去创造出更高的价值。就写作来说，比如你现在一篇文章只能拿到 200 元稿费，但你要看到这一篇篇文章将来会带给你的价值。我在单篇稿费突破 5000 元之前，大部分稿费都是 200 元、300 元，顶多就是 1000 元，虽然之前那些作品为我带来的时薪不高，却让我更有价值了。

所以，写作时间管理的秘诀其实只有一个，那就是要认清楚写作这件事带给你的价值。写作对你来说，不仅仅能够直接为你带来钱，还能帮你打造个人品牌、提升影响力，为你带来很多隐形的价值。

在《最重要的事情只有一件》这本书中提到一个观念，就是为优先的事情预留时间，并且保护好这个时间段。如果你也和我一样很清楚写作带给自己的价值，我相信你一定会为写作预留出固定时间的。

而这个预留出来的固定时间，就是下一节我们马上要说的写作黄金时间。我会教你具体如何寻找到自己的写作黄金时间。

当你发自内心认可写作能够为你带来价值时，你一定愿意给写作留出时间。否则，你就会永远没有写作时间。

第五节　写作黄金时间使你提高成稿速度

此刻，你已经非常认同写作的价值，也了解了写作要有具体的目标，还要管理好自己的时间和精力，并且要像管理一个项目一样规划自己的写作。

那么接下来就是非常具体的实操了，既然我们谈的是写作时间管理，那一定要先找到属于我们的写作时间，我将其称为写作黄金时间。

那什么是写作黄金时间呢？搜狗百科的解释是：黄金时间，指广播电视在一天中收听、收视人数最多的时间。

我这里定义的写作黄金时间，是指一天中最适合你写作的时间，至少要满足 3 个特点。

1. 时长至少要 60 分钟以上

如果低于 60 分钟，对于写作新手来说，这个时长写不了多少字，就容易有挫败感，如果你要写至少 1000 字左右的话，一定要预留 1 小时以上的时间。

2. 独自一人

对，就是你一个人。写作新手还没有达到在任何场合都能开始写作，所以，你的写作黄金时间一定要确保你独自在一个物理空间。但凡有第二个人存在，都会对你写作造成干扰。

3. 在一个安静的物理环境里

物理环境一定要很安静，比如星巴克这样的公共场所，就不适合写作新手，会被干扰，影响写作状态。所以一定要找一个安静的物理空间。

这 3 个要素必须同时具备，缺一不可。

了解了写作黄金时间的特点，那我们接着看如何找到属于你自己的独有的写作黄金时间。在这之前，我先把写作分为 6 个基本动作：

（1）记录灵感。

（2）定主题。

（3）收集素材。

（4）列大纲。

（5）写文章。

（6）修改文章。

前 4 个动作都是为写作做准备的，完全可以用碎片化的时间完成，比如，记录灵感可能 5 分钟就够了，而定主题只要你掌握了我们前面分享的具体方法，相信你 1 分钟就能定好，而第五和第六个动作就属于具体写作了，一定要用写作黄金时间。

关于如何找到自己的写作黄金时间，我结合自己的实践经验，总结了一个表格，包含时间段、时长、具体事项以及取得成果。把自己每天早上起床到晚上睡觉，每个小时做什么事情都记录下来，甚至可以细化到每30分钟记录一次，坚持记录7天，找到满足写作黄金时间的3个特点的时间段，那就是你的写作黄金时间。

千万不要说找不到，这是不可能的，因为我用这个方法已经帮助很多学员找到了写作黄金时间，关键是找到后你能不能坚持。

而在我帮学员们梳理写作黄金时间的过程中，我发现很多人的写作黄金时间都被自己主动碎片化了。我曾经专门试验过，睡觉前拿出手机毫无目的地刷，发现两小时很快就过去了。

当然，有些人的时间确实是非常有限的，但也可以创造出属于自己的写作黄金时间。比如，我之前有个学员，刚生完孩子就来上写作课了，她就和家人沟通好，每天会让家人帮忙带至少1小时的孩子，她提前把奶喂好，不让孩子来打扰自己。再比如，我自己上班时，每天都会提前1个多小时去公司，主动创造出了我的专属写作黄金时间。

那么，当你找到你的写作黄金时间，要如何更好地利用呢？具体可以分为两个步骤。

第一个步骤：在写作之前，一定要做好这3个准备，即准备好选题、列好提纲、准备好素材。

也就是说，在你准备进入写作黄金时间之前，这3个准备工作一定要做好，尤其是选题一定要提前定好，而且最好是 3 个以上。无论你是写自媒体文章还是文案，抑或是写书，一定要清楚自己坐下来要写什么。还记得我们提到的“炒菜式”三步法吗？开始炒菜之前，请备好原材料。

第二个步骤：立即进入状态写作，千万不要用好不容易找出来的写作黄金时间去找素材或者调整写作状态，这其实是浪费时间。

在写作过程中，脑海里难免会冒出来很多新想法，可以先用笔记录下来，然后继续写，千万不要中断。如果写当下的选题写得非常不顺，或者干脆写不出来，也不要硬逼自己，可以暂时不写，立刻启动新的选题，如果所有选题都没有感觉，也可以选择自由写作。

总之，一旦进入写作黄金时间，就不要停止写作。

第六节　减少主动碎片化时间助你消除拖延症

按理说，既然人人都能找出自己专属的写作黄金时间，那就不愁没时间写作了，但事实是，哪怕我帮助学员们找到了写作黄金时间，很多学员还是觉得没时间，根本原因就是写作黄金时间被他们主动碎片化了。

碎片化时间这个词流行了很长一段时间，就是指完整的时间被碎片化了，比如，1 小时的时间被拆成了 6 个 10 分钟，10 分钟可以做的事情就特别有限，尤其是对于我们写作者来说更是如此。

而其实这里还有一个非常关键的点，那就是你的时间是你主动碎片化的还是被动碎片化的呢。

比如，你明明有 1 小时可以写作，但你忍不住刷了 30 分钟手机，和闺密通了 20 分钟电话，这个时间就被碎片化为 30 分钟、20 分钟和 10 分钟，而只有 10 分钟是留给写作的，这个就属于典型的主动碎片化。

再比如，你正在写作，孩子的班主任突然打电话让你去学校一趟，这个就属于被动碎片化。

被动碎片化很多时候是由于不可抗力，这个我们没有办法，而主动碎片化的时间，我们是可以通过一些方法尽力减少甚至避免的。和很多文友一样，我 2016 年开始写作的时候正在上班，而我回到家后也需要陪伴家人，哪怕到现在，我也要做家务，还有其他事务要处理，所以当我开始写作时，尤其是到了我的写作黄金时间，我一定会提前告知身边的人不要打扰我，上班期间也不例外。

不过上班的时候，我们不可能直接告诉同事和老板我要写作，所以你们不要来打扰我，那我就只能提前到公司，我们公司当时是 9 点上班，我 7 点就到了，并且我会提前告诉同事不要在 9 点之前找我沟通工作，然后我就会利用两小时完成一篇文章。

现在我是自由职业者，写作时间由自己控制，但我也会忍不住将自己的时间主动碎片化，比如时不时拿起手机刷短视频、看直播，于是我就把手机放在需要站起来走动才能拿到的地方，以确保属于我的写作黄金时间不被主动碎片化。

告知身边的人不要在写作黄金时间打扰自己，如果你担心控制不住会刷手机，那就将手机关机或者放在不容易拿到的地方。

总之，要避免一切可能会导致你主动碎片化时间的行为发生。

第七节　小练习：找到你的写作黄金时间

（1）填写下面表格的内容，写下你从早起到临睡前，每个小时都做了什么。建议最好持续记录 7 天。

序号	时间段	时长（分钟）	具体事项	取得成果
1				
2				
3				
4				
5				
6				
7				

（2）将满足写作黄金时间 3 个特征的时间段都写出来。

（3）如果这些时间段用来写作，原来做的事情会不会受到影响？

（4）能不能早起 1 小时？

（5）能不能晚睡 1 小时？

请认真写出答案。你会发现，其实你可以有更多的时间用来写作。

第五章

持久力——让你成为时间的朋友

众所周知，写作是打造个人品牌最好的方式，但这几年我越发意识到，持续写作才是打造个人品牌最好的方式。我从 2016 年开始写自媒体文章，6 年多过去了，我身边那些真正持续写作的人，都成了时间的朋友。

我有个学员以前是做程序研发的，但她特别喜欢写作，就利用业余时间持续写作。后来她怀孕生完孩子以后，因为以前的工作压力太大，就重新找了一份和写作有关的文职，这样既有收入又能兼顾家庭，关键是工作内容还是自己热爱的写作。

我刚开始写自媒体文章的时候还在上班，和那位学员一样，我也是利用业余时间持续写作。有了一定的收入后，我在 2018 年辞职，成为一名自由职业者，出了书、研发了自己的写作课、开展一对一咨询服务等，2021 年还有了一个全新的身份——图书策划，而这一切都是因为我持续写作，让更多的人认可了我。

而真正持续写作的人其实是极少的一部分，大部分文友写着写着，就不写了。

在我的写作课上，每一期学员开营的时候都是信誓旦旦要持续写作，但很多人刚上了几次课人就不见了。

这都是因为没有持久力，这也是这一章要讲的核心内容，让我们一起来看看吧。

第一节 初心是让你持续写作的原动力

想要持续写作，一定要先明确你写作的初心，这是你能持续写作的原动力。这些年我之所以能持续写作，就是因为我始终记得我为什么要写作，我的初心是什么。

前不久有位小学同学在微信上和我说，越来越看不懂我在做什么了。我说其实特别好懂，就是你们都忘记小时候要当科学家的梦想了，但我还记得自己要当作家的梦想，这个梦想并没有被生活中的烦琐消磨掉，反而随着年龄的渐长越来越笃定。

我们常说“不忘初心，方得始终”，那到底什么是初心呢？在我看来，所谓初心，就是对于一件事在内心深处无条件地喜欢，甚至你都找不到任何理由，没有为什么，就是喜欢。而这个说不太清楚的初心，就相当于播种到地里的种子，你种了什么种子就会收获什么果实，你发了什么心就会有什么结果。

如果你此刻正在看我的这本书，那我相信你一定也是喜欢写作的，但你为什么无法持续呢？我认为，根本原因在于，你没有将你的初心具体显化。热爱的基础上，你要明白你为何写作，如果你完全不知道自己为何写作，你也不用担心，我会分享给你一个特别好用的方法。

我将自己为何写作分为 3 个层级，分别是为了自己、为了他人、为了社会。

为此我将它做了一个表格对比，分别是我在 2017 年和 2019 年填写过的内容，大家可以看一下。

	为了自己	为了他人	为了社会
两年前	把所有经历的、所悟到的道理记录下来	和我一样没有好的家庭出身的人，也要勇敢追求梦想，鼓励和影响他们	
两年后	1. 物质方面：变现 2. 精神方面：成为女性轻创业的意见领袖，得到精神上的富足	1. 给予他人写作的方法和勇气 2. 给予他人成长的方法和勇气	要让无数像我一样没有好的家庭出身的人，相信梦想

最初，我只能想到写作，至于能为社会能做什么，完全是一片空白，我从未想过我的文字能给社会带来什么好处。两年后，我不但更清楚了写作可以给自己和他人带来什么好处，也笃定了要用自己的文字，让无数像我一样，没有好的家庭出身的人，相信梦想！

我举这个例子是想要告诉你，哪怕你现在只能想到为自己的内容，你也不用担心。你会和我一样，随着对写作认知的不断迭代，随着作品被更多的人看到并给予反馈，你就会开始有了一种使命感，自然也就能知道为他人和为社会做些什么了。

无论是关于写作还是成长，我不仅仅分享自己的经历，我还总结了具体的方法论，让更多人行动起来。我想这也是大家之所以能够在此刻看到这本书的原因，因为我想要更多和我一样儿时就有作家梦的文友们，能重新写起来，早日写出人生的第一本书。

请你一定要相信梦想，相信梦想可以成真。不要因为身边的人不相信，你就不相信。

那么，初心对于我们持续写作到底有哪些作用呢？我总结了以下三点。

1. 初心会让你牢记动机

任何人行动之前都有着一个动机，所谓动机，在《动机心理学》这本书中是这样定义的：为行为提供能量和方向的内在过程。也就是说，动机是引起个人活动、维持并促使活动朝向某一目标进行的内部动力，可能是思想方面的，也可能有情感方面的，都能转化为个体持续行动的推力。而且动机越是明确、强烈，其行动越是持久，方向性也越强。

反之，如果你没有写作的动机，或者写着写着忘记了最初的动机，就容易被外界的障碍所阻或者被利益所诱，逐渐偏离预定的轨道。而唯有你时刻谨记初心，才能让你保有持续写作的动机，在写作路上自然就不会轻言放弃了。

2. 初心是一种目标激励

美国心理学家埃德温·洛克认为，目标本身就具有激励作用，目标能把人的需求转变为动机，使人们的行为朝着一定的方向努力，并将自己的行为结果与既定的目标相对照，及时进行调整和修正，从而实现目标。而一旦找到初心，其实就等同于你找到了自己写作的长期目标，在写作路上会始终激励着你。

3. 初心可以缓解焦虑

每个写作的人，都渴望早点变现、出书、提升个人影响力，这种心情我能够理解。但写作是无法速成的，所以我在 2021 年将我的写作赋能私教的服务周期升级为 10 年，用 10 年陪伴学员写出人生的第一本书，给自己足够长的时间成长和迭代。

如果你没有找到写作的初心，就会越写越焦虑，而找到并且始终记得初心，最直接的作用就是可以缓解焦虑。

第二节　掌握技巧是让你持续写作的加速器

劳拉·布朗在《完全写作指南》这本书中说道，无论你需要写什么，只要掌握一些简单的方法，你都能写得出来。虽然有些绝对，但也不无道理。在写作“六力”模型中，技巧力是让一个人能够持续写作的加速器。因为如果你完全不知道如何下笔，哪怕你有千言万语，也不知道如何开始。

尤其是一些特定的文体，更需要掌握其具体的写法，所以我在本书中用了一章来专门讲写作通用的一些技巧，当然，如果你不想出书，文章也不想被别人看到，就是喜欢自己写日记，这个是不需要任何技巧的。否则，你就必须要懂得一些基本的技巧，就像开车需要懂得规则一样。

我有一位学员，她自己写了一篇文章就直接投稿了，结果辗转了好几个公众号都没有被采纳，我看完后才发现，她的文章写了 5000 多字。而实际上，大部分公众号需要的文章都在 2000 字左右。这其实也属于技巧范畴，不懂得这些基本的规则，就容易走弯路。

比如，你要写自媒体观点文，那么就不能全篇都写故事，也不能全篇都写观点，要两者兼具。只有掌握了技巧，在这个大框架下，形成自己的风格。

写作技巧的学习有两种方式，一种是自学，一种就是报班跟着老师学。2016 年当我开始自媒体写作时，虽然有一定的写作基础，但其实也是个新手，所以我选择报名了汤小小老师的零基础写作课进行学习。作为一个新手，我不建议自己练习写作，原因有 3 点。

（1）自媒体文章写作分很多种类，自己摸索很容易像无头苍蝇一样找不到方向。

（2）文章没有人给予专业点评，自己很难发现可以提升的部分。

（3）一个人独自写作，也是非常难坚持的。

如果方法错误或者方向不对，无论你持续写多久，结果也会偏离你的预期。因为写作和做任何其他事情一样，方向比努力更重要，如果完全不懂写作技巧，还是建议你报一个写作班，跟着老师一起学习。目前市面上的写作课非常多，有老师是专门教新媒体写作的，也有教文案、讲书稿写作的，我个人研发的写作课，主要是讲一些通用的写作技巧。

当然，掌握技巧之后还是重在持续不断地练习，关于如何练习在技巧力一节里也有具体方法，你可以选择一个或者多个适合自己的，先写起来。

如果你有缘看到这本书，并且愿意去践行书中的方法，那么这也是能让你快速掌握写作技巧的一种途径。

第三节　开始动笔写是让你持续写作的发动机

我很喜欢一句话："千里之行，始于足下。"我们学习了那么多写作技巧，也升级迭代了对写作的认知，剩下最重要的一件事情就是立刻动笔写起来，这也是你能持续写作的发动机。

几乎每天都有人私信问我，写作新手到底能不能学会写作？能不能出书？我都会很肯定地告诉对方，能。或许你会说，哪有那么容易。是，我也要肯定地对你说，不容易，但只要你愿意开始，就一定能够出一本自己的书。最重要的是你要开始动笔写，一旦开始动笔写，你就走在出一本书的路上了，而不是始终在原地观望。

我之所以能出书，也是因为我在2016年就开始写自媒体文章了，很多文友都担心自己写出来的文章不好而迟迟不动笔，其实我在公众号发表的第一篇文章，就是几百字的感慨，连随笔都算不上，当初我自己还认为写得特别好。随着我持续写，我出了第一本书，让我更加笃定，出书不仅仅能够直接给我们带来收入，还可以成为我们和这个世界对话的一种非常好的工具。

换言之，无论你做什么，你都需要让别人知道你的想法，一种就是说出来，还有一种就是写出来。和说出来相比，写出来我认为门槛更低，因为基本上会写的人，说得都不差。而写文章和出书，就是将你的思想系统地告诉世界的一种最好的方式。当初我转型为写作老师，我的第一批学员都是通过看我写的文章、朋友圈了解我，继而信任我，2019 年 6 月选择开启轻创业，我的会员和合伙人也是通过文字了解我，继而成为我的会员或者合伙人。

很多文友之所以总是无法动笔写，就是因为他们认为自己还要再准备得更好一些，其实恰恰相反，你把自己成长的过程真实记录下来就是非常好的作品。我自己每隔一个阶段，所写的内容和文字风格都会稍微有些不同，因为当我迭代了，我的文字也会随之迭代。

所以，无论此刻你还有多少担心，我的建议都是赶紧写起来。我之前看过一本创业方面的书——《没经验，是你最大的优势》，这点和写作其实很类似，而且历史上真正的文学大师，也没有多少人是先系统学习写作再开始创作的。你也不用担心自己写得不好，因为所有的文字都会有自己的读者。

当然，我并不是说大家不要去学习写作，作为一名研究写作方法论的老师，我深知学习写作技巧的重要性，但有个前提，你要先写起来，哪怕是碎碎念。因为你也不是立刻就要拿当下的文字去申请诺贝尔文学奖的，文字首先是你发自内心的，第一个读者是你自己。最近我翻出来以前写的东西，语言虽然很稚嫩，但多年后再看到，当时的一切都跃然纸上，自习室里少女情窦初开的迷茫和欣喜，就好像发生在昨天。

先写起来有个什么好处呢？当你开始写了，你就会越来越关注用户的反馈，继而会激发你想要更多人看到的想法，也就会想着学习一下专业的写法了。当初我就是这样的历程，写了很多但是读的人始终就是那么几个，毕竟选择公开写作，就是为了让更多人看到，于是就有了我后面的故事。

如果你始终都停在原地无法动笔，你的写作之路基本上也就被你自己堵死了。我有一个学员，我认识她是在一个写作班，学习完三个月我就写了一篇全网阅读量过千万的爆款文，而她总说工作忙，一直没有写。后来我研发了自己的写作课，她说之前学习的差不多忘记了，想要继续和我学习，所以就报名了我的写作课。结果，几个月过去了，她还没有写，说是因为最近带孩子，没有时间。

这个学员的问题就是不去开始，而且总是有非常合理的理由。其实这都是自己骗自己，你不写，就一定能找到不想写的理由。

我在没有辞职之前，曾问过山口拓郎老师一个问题，我什么时候可以成为一名自由撰稿人？他告诉我，先开始写，直到你的收入超过你的工资。事实是，当我开始写了以后，我的收入真的越来越多了。因为随着越来越多的人看到我的文章，我开始有了自己的个人品牌，有朋友请我一起开线下课，有人支付费用让我给他们撰写文案，我第一次做线下课讲师，3 天收入就超过了 2 万元，这是我在刚开始写作的时候想都不敢想的事。

说了这么多，我想要表达的只有一个意思，那就是写起来吧。一旦你开始动笔写，就等于你启动了持续写作的发动机，你拥有了自我激励的动能，你也将会拥有更多可能性。

第四节　及时反馈是让你持续写作的润滑剂

写作新手是无法判断自己写得好不好的，我也不例外。最初写了一段时间，每次阅读的就那么几个人，更别提变现和出书了，这种时候会开始质疑自己。最好的办法就是能够得到一些及时的反馈，这样才能有针对性地提高。

2016 年在简书写了一段时间以后，我就主动请教了知识管理专家萧秋水老师，她对我的文章给予了特别客观的点评，让我清楚自己下一步要努力的方向。而我每次上写作课，也是特别关注老师对我作品的点评。

在我看来，及时反馈是我们能够持续写作的润滑剂，会让我们在写作觉得很难的时候得到一些指引和鼓励。

关于反馈，也不是听谁都行的。我有个学员，每次写完文章就发给自己的表妹看，有一次她告诉我，自己决定放弃写作了，我问为什么，她说表妹觉得她不适合写作。我问她，你表妹写作吗？她说不写。而其实她是非常有才华的，对生活也有独特的洞见，如果坚持下来，现在或许也能出一本自己的书了。就是因为找错了反馈的对象，反而断送了自己的写作梦。

我总结了适合写作新手寻求反馈的 3 种人，分别是专业人士、欣赏自己的人、懂自己的人。你可以看看你身边有没有，千万不要找那些不如自己，不懂自己、也不认可自己的人。

先来说专业人士。我刚写文章那会儿，遇到比自己专业的老师，我都是主动给对方一些谢礼，只希望对方能指出文章还可以提升的部分，当然也可以直接付费请一个写作教练，随时给予专业的反馈。

再说欣赏自己的人。为什么要寻求欣赏自己的人呢？因为刚开始写作，肯定写得不怎么样，而欣赏我们的人，一定会先认可和肯定我们，这样哪怕指出的问题让我们不能接受，但从心理上对我们来说还是有正向影响的。

最后就是懂自己的人。每个人的生命中都有几个懂自己的人，发给这样的人看，无论你写得怎么样，对方都会懂得你文字背后想要表达的。

当然，在寻求反馈时，我们需要提前告知对方，一定要实话实说。无论是付费给专业人士，还是发给信任自己和懂自己的人，一定要提前说清楚，让对方指出文章中还可以更好的地方，或者直接说出自己看完文章的真实感受，这是比较重要的。

总之，只要能找到适合自己的反馈方式，你的写作之路就会走得更加轻松。

第五节　钝感力是让你持续写作的永动机

写作的人内心其实都是非常敏感的，对于生活中的点点滴滴能够有觉察，并且能够去深入思考背后的深层次意义，继而提炼出可以影响读者的观点并形成文章。然而，想要在写作这条路上走下去，除了拥有一颗敏感的心，还需要钝感力。

“钝感力”这个词，是作家渡边淳一在热销书《钝感力》中提到的。他在书中告诫人们不需要对日常生活太过敏感。他所提到的“钝感”，不是贬义词，不等同于迟钝、木讷，而是一种延迟伤害的技巧，以及面对浮沉世事的智慧。他说，我们的社会是靠人与人之间的关系来维系的，如果不能很好地处理人际关系，就无法享受愉快而有意义的人生，而钝感力就是我们赢得美好生活的手段和智慧。

这点对于作者来说非常重要。尤其是写作新手，无论是写作这件事情本身，还是写的文章，难免不被人理解，被人指指点点，你的文字可能会被别人说看不懂、不专业，甚至会有人劝你不要写，告诉你根本不是吃这碗饭的人等，但这些都不能成为你不写作的理由，这个时候就需要你有钝感力。用渡边淳一的话来说，其实这就是一种处世的智慧。

实际上，大部分写作新手都是没有钝感力的，听到一些负面的反馈就会很受伤，有些文友选择偷偷地写，不敢让身边人知道自己在写作，更有被伤害很深的，干脆就不写了。作为一名写作者，不能有玻璃心，尤其是写作新手，不要被别人随便一说，自己就特别难过，继而开始质疑自己，无法持续写作。真的完全没有必要，因为写作是我们自己的事，和任何人无关。

当然也不是说你有钝感力了，别人说什么都无所谓，一心沉浸在自己的世界里，这也不对，毕竟及时反馈也是有助于我们持续写作的。所以当有人对我们的文章提出意见时，我们要客观理性地分析是否说得有道理，如果是可以帮助我们提升创作水平的，我们一定要虚心请教。

当初我写了一段时间以后，发现几乎没有人阅读，于是就去请教萧秋水老师，她直接告诉我，我的文章她都不想看，对读者没有任何的价值，就完全是写自己想要写的，这对我触动非常大。因为我有钝感力，所以我并没有因为萧秋水老师这么评价我，我就妄自菲薄，同时我也开始意识到，我需要去系统学习新媒体写作，这个度我们自己要把握好。

还有一种情况，就是哪怕你的作品很不错，市场反馈也不见得好，这个时候也需要我们有钝感力。《追忆似水年华》的作者马塞尔·普鲁斯特最初将第一部《在斯万家那边》给出版社编辑看的时候，被无情地拒稿了，但是他并没有因此而认为自己的作品不行，而是自费出版了第一部，因为他深信他的这部作品的价值，出版后反响不错，于是之前拒绝他的编辑帮他出版了后面的书。

所以，你一定要有钝感力，这样在你持续写作的路上，就拥有了自己的永动机，任何人任何事都无法阻碍你写作了！

第六节　小练习

（1）用 30~60 分钟，关掉手机和电脑，用心想一想，你写作是为了什么？分别从以下 3 个维度，将你的答案写在下面的空白处。

为了自己：

为了他人：

为了社会：

（2）从你读到这本书算起，你想象自己1年后是一名作家了，那你认为自己成了一名什么样的作家？

（3）1年后，因为你写的文章，有谁获得了价值？具体获得了什么价值？

（4）作为一名作家，1年后你的生活发生了什么改变？

你无须思考，只要把你当下想到的记录下来，然后1年后再打开看看你实现了多少。这是一个非常有意思的游戏，相信会带给你不一样的体验。

第六章

变现力——写作能让你对抗生活的不确定性

终于要说到写作变现了，我想很多人都渴望自己的文字能够变现，我也不例外。其实我人生的第一个标签就是“写作变现规划师”，因为从第一天开始写作，我就笃定写作一定能变现。

随着持续写作，对于写作变现的理解也不仅仅是“钱”那么简单。我有个学员，我她每天都写情绪日记，把自己当天的情绪记录下来，持续了 1 年多，她告诉我，她和老公的感情越来越好了，而且整个人也变得越来越有能量。这让我意识到，写作是有疗愈能量的。

而且我发现，持续写作的文友，亲密关系都不错，会写作的人，在职场上也容易晋升。尤其是在这个充满不确定的时代，会写作的人更有优势，因为你创作的内容会在睡觉的时候还在帮你宣传，给你带来源源不断的资源和机会。写作也能让你内心安宁，不容易受到外界的干扰。比如，这几年的疫情让很多人的生活都发生了改变，但我通过写作拥有了个人品牌，而且早就布局了线上的业务，所以疫情并没有给我的生活造成不好的影响。

以上这些其实都属于写作变现，这也是本章节主要和你分享的内容。或许这和你内心期待要看到的不太一样，但请你一定要看完，这可能会颠覆你的某些认知，也一定对你有帮助。

第一节　写作变现的 4 个正确心态

先和大家分享我的两个学员的真实故事。

先说 A 学员，她是一家地级市报刊的编辑，在纸媒时代，发表了很多文章，我是和她一起开始学习自媒体写作的，但她始终掌握不了自媒体文章的写法，她认为自媒体的文章套路太明显了，她还是喜欢写散文，喜欢随心而写。当我给她做了一次写作木马查杀后，我发现那些都是她的借口，真实的原因是，她认为自己是不可能通过写自媒体文章赚到钱的。

我们再来听一下 B 学员的故事。她是一个没有什么学历的人，到了写作班以后进步很慢，但是每次我找她沟通，她都告诉我，她一定可以通过写作赚到钱，进步再慢她也绝不放弃。

大家知道这两个学员最后的结局是什么吗？

A 学员写作基础特别好，但认为自己不可能通过自媒体写作赚到钱，到今天为止，她还是没有通过写作赚到钱。写作基础差的 B 学员，由于她坚定地认为自己能够赚到钱，如今她通过运营自媒体账号，每个月都有 3000 元左右的收入。

两个学员完全不同的结局，就是因为对于写作变现这件事情的看法不同。这就是为什么我一直非常强调认知的原因，很多文友一方面想要通过写作变现，一方面又不相信自己可以变现，而结果也往往会如你所愿。

简单来说，影响你能不能变现的就是心态。拿破仑·希尔曾说过这样一句话，你的心态是你命运的控制塔。他还有一句很经典的话，不想当将军的士兵不是好士兵。也正是他有这样的心态，所以最终取得了那么大的成就。历史上像他这样的案例非常多，做任何一件事情心态是非常重要的，想要写作变现，也一定要有正确的心态，心态不对，再多的努力也很难持久。关于写作变现的正确心态，我总结了 4 点。

1. 对于写作一定要热爱

其实不仅是写作，做任何一件事情，如果是发自内心地热爱，持续就会变得轻松简单，历史上那些在自己领域内取得特别高成就的人，无一不是对自己所从事的事业特别热爱。如果你不热爱写作，自然就很难持续。

58 岁才开始画画的摩西奶奶画到 80 岁才有知名度，其间她经历漫长的时光，如果不是因为热爱，根本坚持不下去。她曾在书中说过，做什么事情并不是最重要的，重要的是你做这些事情的时候，是否感到愉悦和幸福。

所以，如果说你写作不是因为喜欢，或者说还没有找到喜欢的理由，而只是因为别人说写作能变现，或者其他的什么原因，那建议你先找到自己写作的初心，明白自己为什么要写作。具体如何找，我在第五章有分享相关的方法。

我认识很多文友，写到最后，甚至都写完一本书了，还是不知道自己为什么写作。每个文字也是有自己的命运的，作为孕育文字的我们来说，对文字的笃定，会直接影响到文字的命运。

如果你最终发现自己完全不热爱写作，也找不到喜欢写作的理由，我建议你可以放弃了，因为你注定走不长远。

2. 要有长期思维，要耐得住寂寞

村上春树在接受采访的时候曾经说过，对于小说家来说，最为重要的3个资质分别是才华、集中力、耐力。的确，身为一名创作者，我们不仅需要集中精力写作，还需要在写作变现这条路上有耐力，也就是要有长期思维，要耐得住寂寞。

在写作变现的路上，想要有长期思维，一定要结合自己的实际情况拟定写作目标和计划，以及变现途径。这部分我会在后面单独来讲。总之要记得，我们不要和任何其他人比，只是规划自己的就好了。

一定要记得，当你开始比较，其实就是进入了别人的赛道，自然也就很难拥有长期思维。

3. 不要轻易全职写作

每当有人咨询我能不能全职写作的时候，我都建议其谨慎考虑。因为写作变现需要一个过程，除了储备好足够生活的钱，确保写作没有收入也不会影响你的日常生活，而且这还需要你有平和的心态。

不然一旦开始全职写作，就会有很大的压力，很多人会在这个过程中，慢慢失去写作带给自己的那份愉悦。什么时候才考虑全职写作呢？我自己当初是稿费收入平均有6000元左右的时候辞职的，我当时想的是，我兼职一个月都能有6000元，那我全职以后，一个月至少可以翻倍，这样我的基本生活是有保障的。

事实证明也的确如此，很快我的收入就过万了，对于写作新手来说，先兼职写积累经验，就算短期内写作变现不乐观，也没有关系，因为你还有工资，也不会过于焦虑。而且一边工作一边写作也是一种特别好的状态，你的工作会带给你源源不断的素材和灵感，让写作为你的工作赋能，这也是一种写作变现。

4. 永远保持学习的心态

这一点也特别重要，自媒体时代，各个平台迭代更新非常快，如果你一直举步不前，就会落伍，甚至被淘汰。比如，现在大家都很喜欢刷短视频，你就不能只固守着写文章，也要学会制作短视频。我就是从 2021 年开始录制短视频，通过短视频分享写作干货的。

同时，我们也需要用开放的心态拥抱一切未知，因为只有我们的世界变大了，我们文字里的世界才能变大。《成为作家》中有这样一句话就表达了这个意思，只要不让自己陷入漠不关心和单调的状态，你就能为你的写作激活并再现你生活的方方面面。

这就是写作变现路上要拥有的 4 个正确心态，当然肯定不止这 4 个，但只要你拥有这 4 个好心态，你的写作变现之路就一定会越来越好。

第二节 写作等于创业

全职写作以来，我越来越觉得写作就相当于创业，当你决定开始写作之后，除了只是记录日记，但凡想要通过写作变现，抑或打造个人品牌提升影响力，那就等于你成立了一家公司，你是这家公司的首席执行官，也是产品负责人、营销部门的负责人、销售部门的负责人。你身兼数职，除了要负责源源不断地创造出高质量的内容，同时还要为你的作品制定营销策略，要让客户付费以确保你是有收益的。

听起来是不是特别头疼？很多人在要不要全职写作这件事上很纠结，大部分都是因为这个原因。这也是很多文友中途放弃写作的原因之一，如果只是埋头创作而没有能力变现，时间久了自己也会没有信心，而一旦分出去精力营销自己，那么属于创作的时间自然就会压缩，我们也知道，大多数文友开始写作都是兼职的，本就是挤出来的时间，哪里能做这么多的事情啊！

别着急，我们先看一下，就创业来说写作的优势所在。

在第四章的时间力部分我有讲过，我们每个人的时间就那么多，对于时间的用法可以分为 3 种，第一种是同一个时间段只能出售一次，第二种是把同一段时间同时出售很多次，第三种是购买别人的时间来出售。

上班族就属于第一种，把每天 8 小时甚至更多的时间出售给老板，以得到工资。还有一些技能变现的也属于这种，比如，我写文案或者给公众号供稿，一篇文章的费用是固定的，我花时间完成，客户给我费用，我写文章的时间只能出售一次。

第三种一般就是指经营企业的老板，可以花钱购买员工的时间，让员工为客户提供服务或者生产出产品来销售给客户，以获取利润，而老板就可以用钱同时购买很多人的时间，这种虽然非常好，但并不是人人都能当老板。

写作其实是属于第二种，可以重复销售你的时间。比如，你的文章发表在各个自媒体平台，会一直有人读到，就能产生收益，文章也可以出书，只要书还在上架销售，你就有收入，如果作品足够好，被拍成影视剧，又可以多一份收入。而且当你有了一定的输出，有了影响力，你还可以研发课程，只要有人购买这个课程，你就有收益。

也就是说，当我们用一定的时间写出一篇文章、一本书，无形之中，等于我们的时间可以被卖得更多更贵。这也是越来越多人选择内容创作的原因。

其实写作创业有两个思路。一个思路就是你要做取舍，比如，你最擅长内容创作，那就暂时不要想着很快变现，要耐得住寂寞，持续创作内容，或许就会有一部书大卖，也有可能在某个平台能够积累很多的粉丝，这样自然而然就变现了。

另外一个思路就是，你可以选择组建自己的团队，比如，你不擅长营销，那就可以找擅长营销的人与你分工合作。

第三节　结合自我优势规划专属的变现途径

每个个体不同，所以变现路径一定也是不同的，我第一个知识付费类的产品就是一对一咨询，主要是帮学员规划自己的写作变现路径，这里有一点特别重要，就是要结合每个人的自我优势。

自我优势包括两部分，一部分是你自己的性格特点，另一部分就是你的资源优势。我发现重视性格优势的特别多，会花钱去做各种测试，却忽略了资源优势。在和很多学员交流的过程中，我发现绝大一部分人会忽略掉自己原有的资源优势，其实资源和技能一样，是可以迁移的。不是你开始写作了，就要重新去开拓人脉资源，你原来的人脉和客户资源，都是可以迁移过来的。

至于如何更好地了解自我，方法非常多，比如九型人格、DISC、玛雅天赋等。如果你还不知道自己的性格优势，建议你去找专业的人咨询，我从写作变现的角度举个例子，你就能意识到它的重要性了。比如，如果你本身销售能力相对弱一些，或者不喜欢推销自己，也不善于谈判，那你就可以更多地专注做内容，将自己变成定价方。而有些人很善于整合资源，拓展人脉，这样就能主动去找到一些合作的客户。

资源优势就是将原来积累的人脉资源中适合的部分迁移到写作领域。我第一次过万的稿费，就来自在职场时认识的一个客户，他知道我辞职成了自由撰稿人，有一年父亲节，他请我帮忙写了一篇他和父亲的故事，后来又让我给他和太太也写了一篇。这里有一个很关键的点，就是你是不是愿意宣传自己，最基本的也要在朋友圈告知你的近况。

这个就是结合自我优势规划变现路径。有些文友原本就拥有非常好的人脉资源，比如，有很多朋友都是自己做生意的，那就不一定非要给公众号投稿去变现，可以和朋友聊聊，能不能将公司的部分文案或者公众号外包给自己。

当然写作变现路径并不是一成不变的，而是会随着自我不断的成长进行调整。以我自己为例，我第一个阶段的写作变现路径就是给各大公众号投稿，稿费从每篇 80 元开始，后来慢慢涨到了 200 元、300 元、500 元，有时候阅读量高的话还有一些奖励。

第二个阶段我成立了文案工作室，除了自己写文案，还接了一些长期合作的订单，并且外包给一些成熟的写手。第三个阶段，也就是有了一定的影响力之后，我开始研发知识付费类的产品，其中写作课已经开办了 14 期。

现在我不仅仅有写文案的收入、开课做咨询的收入、写作课的收入，我还开始写书，帮人策划出书，而且我还有一支轻创业的团队，这也属于我构建的被动收入管道之一。

第四节 7种变现途径

写作变现分为间接变现和直接变现。直接变现非常好理解，就是你的文字能够交换成现金。而所谓间接变现，就是你的文字带给你某些价值方面的提升，具体来说就是通过持续写作助力原有的工作和生活，比如，可以让你的本职工作做得更好，也有小伙伴通过持续写作，进行了自我疗愈，情绪变得更加稳定等，还有一种就是通过写作打造了个人品牌，并因此发展了新的副业甚至成了自由职业者，这些其实都是写作带给我们的价值变现。

这一节总结的变现方式，主要是针对直接变现的。我们先了解一下可变现的文章类型，具体有以下6种。

（1）自媒体文章（故事/观点文）。

（2）商业文案（长文案/短文案）。

（3）网络小说。

（4）讲书稿/拆书稿。

（5）书评/影评。

（6）小短文（有些平台有收稿）。

关于变现的路径，我一共总结了7种，你可以选择其中一种，也可以多种路径组合运用。我目前的变现方式就是多种组合的，而且这个路径会随着你的升维而不断变化。

1. 投稿赚稿费

这种途径是写作新手的首选，只要你掌握一些文体的基本写法，就能变现，刚开始几百元到几千元，当写作技能非常熟练以后，很多努力的文友一个月是可以赚到 1 万多元稿费的。我在辞职之前，有一个月的稿费收入就是 6000 多元，要知道那会儿我只懂得给公众号投稿，而且我还在上班，都是用业余时间写稿的。如果有爆文出现，很多平台都有额外的奖励。但目前成熟的写手越来越多，竞争也挺大的，尤其是稿费高的平台竞争更是激烈。当然，随着你输出的优质作品越来越多，会有平台邀请你成为签约作者，这样就会有一些约稿。其中自媒体观点文、故事文、书评影评、讲书稿听书稿都是类似的。

具体如何开始呢？我总结了 4 个步骤。

第一步：掌握自媒体文章的写作方法。

你可以选择付费学习，也可以自学。

第二步：收集整理投稿的平台。

掌握基本写法之后，就要将市面上你能找到的收稿的公众号全部罗列出来，并且按照稿费高低或者粉丝数量的多少进行排列，一般我们把稿费高粉丝数多的叫大号、稿费低粉丝数少的叫小号，同时将各个号的征稿要求、收稿邮箱等都详细列出来。这个也叫作投稿资源库，如果你选择付费学习，一般写作课都会提供相关的资源。

当然你也要不断发掘出适合自己的投稿公众号，因为现在的自媒体发展很快，几乎每天都有新的号出现。当你发现一个公众号，怎么去寻找它的投稿渠道呢？首先，你可以进入公众号主页，在菜单栏看一下有没有对外征稿的字样，有的话就点进去看，一般都会有对外征稿的一些详细要求和邮箱。有些号并没有在菜单栏上面设置对外征稿的约稿函，这时候我们可以给公众号后台回复“投稿”二字，有很多公众号就会弹出对外征稿的约稿函。

还有一个方法就是可以关注一些专门刊发各类约稿函的投稿号，比如，投稿频道、投稿小秘书、投稿小帮手、约稿投稿平台、全网投稿平台等，这些号都会定期对外发布一些公众号的约稿函，关注后点进去就可以找到投稿渠道。

当然，除了给微信公众号这一类的自媒体平台投稿外，你还可以给一些传统媒体投稿，比如报纸的副刊、杂志等。这一块我就不展开说了，具体可以关注当地报纸的副刊，上面一般都附有来稿邮箱，杂志也一样。

第三步：锁定要投稿的 3 个目标公众号。

在投稿之前，建议从资源库中选出自己想要投稿的 3 个公众号，分别是大号、中号和小号，然后集中时间，将这 3 个号最近的 30 篇原创文章进行仔细阅读，不包括转载其他号的文章。这样做的好处是可以更好地理解这个公众号文章的调性，具体就是喜欢的选题、文章风格，甚至可以留意文章中喜欢引用的故事，比如，有的公众号就非常喜欢引用明星的故事。

所谓“知己知彼，百战不殆”，一定要了解平台的特点，再结合自己文章的特点，综合判断是否适合投稿。

第四步：投稿。

当我们了解完目标公众号的要求，就可以开始投稿了。投稿也需要按照一定的顺序，前面我们选择的 3 个目标公众号中有大号、中号和小号，这也是要投稿的顺序，就好像我们高考完填报志愿一样，第一志愿肯定是自己最想去的也是最好的，其次才是第二志愿、第三志愿，投稿也是同样的道理。

如果我们被大号拒稿，可以选择继续给中号和小号投稿。一般小号都是作者用来兜底的，稿费 50~100 元不等，还有一些号没有稿费但是会把读者的打赏给作者。我不建议给不支付稿费的公众号投稿，我个人的公众号采用学员的文章也会支付稿费，我们的文字本身就是有价值的。

投稿过程中新手一定要注意一点，那就是千万不要一稿多投。一般公众号都会注明多久反馈投稿结果，而且如果是热点文，你按照要求备注，编辑也会优先反馈，一定要等到投稿的平台回复之后，再将稿件投给下一个公众号。

这 4 个步骤同样适用于影评、剧评、讲书稿等。文案稍微有些不同，但步骤也类似，同样要掌握它的写法。但文案除了去网络上找一些接单资源之外，我们还可以发掘身边的资源，就是我前面提到的整合自己的资源优势。

总之，当你掌握了一定的写作技巧，就可以用这种方式开启你的写作变现之路了。

2. 代运营公众号

有一定规模的公司，公众号要么是团队自己做，要么是外包给专业的公司，很多初创公司预算有限但又想运营公众号，那你就可以和对方谈合作。每个月推送 4 篇文章，对于一个写作新手来说，能有 3000 元左右的费用也是可以的。这种变现方式就取决于你能否将身边的人脉资源迁移过来。

我在成为自由撰稿人之后，就负责过好几个朋友公司的公众号运营。当然，前提是你写出来的文章对方要认可。而且我还会给我的客户提供增值的服务，比如公众号栏目的策划、每月营销活动的策划等，这些很多外包公司都是要额外收费的。

3. 多平台运营自己的自媒体账号

越来越多的写作者选择运营自己的自媒体账号，自媒体平台很多，我觉得每个人都应该申请一个公众号，如果把我们自己比作一个产品，那公众号就是我们的专卖店，用户可以在今日头条、知乎等自媒体平台看到我们的门店，但专门店只有一个。现在公众号也可以和视频号、小程序联动，便于我们更好地服务用户。而且公众号也是可以有现金收入的，比如，用户打赏、接广告、卖货，等等。

在自媒体平台中，今日头条非常适合写作新手，因为它对文章的质量要求不是那么高，而且还可以发微头条、在悟空问答回答问题，平台也经常会推出各种活动，总之，除了广告收益，也会有其他收益。百家号、企鹅号、大鱼号也是很多写作新手容易赚到钱的平台，只要你输出的内容够垂直，保持固定更新、内容原创，是一定可以赚到钱的。

当然，还有小红书、新浪微博等这些自媒体平台。我个人不建议写作新手所有平台都抓，因为每个平台的调性不全然相同，同样的一篇文章，你在头条可能会有几十万的阅读量，而其他平台也许只有个位数，所以前期主抓一个或两个平台，其他平台兼顾就行。

我的实践经验表明，只要你坚持写，变现根本就不在话下。相比于投稿变现的那些要求，运营自己的平台或许要更加随心所欲一些，而且也可以将时间卖得更贵更多。

4. 带货

现在很多人都有副业，大部分人都会选择带货。每一期我的写作私房课的学员中，都有人是因为想要通过写文案卖货才来上课的，会写文案和自媒体的文章，卖货会更有优势。

你可以代理产品，也可以销售自己的产品。

自己卖货和经营自媒体平台类似，都会更有主动权，而且我认为卖货就等于是分享好产品给朋友，本身也是一件有意义的事情。

5. 知识付费：课程、咨询、社群、陪伴、顾问

知识付费这几年非常火，至于火到什么时候不知道，因为发展太快，所以行业里也出现了很多不太好的现象。作为一个付费用户和一个知识付费从业者，我个人始终认为，知识付费是有价值的，未来的知识付费一定会更加注重给用户提供具体的解决方案，这也是我在 2021 年推出一对一写作赋能的主要原因。我的服务课周期是 10 年，目标是帮助学员写出人生的第一本书。

做知识付费首先就得有课程，比如，我就研发了写作课，主

要普及基础的一些写作知识，还有的老师是专门讲书评的，也有的是教大家如何写复盘日记，这些都属于课程。当然，如果你有某细分领域的技能，借助写作提升了个人影响力，你也可以研发相关的课程。

也有很多文友在做与写作相关的社群，可以定期点评学员文章，邀请大咖讲课，需要付费才能进入。也可以做一些付费平台，比如写作相关的知识星球，一年收费几十元或者几百元都可以，价格自己定，专门分享写作干货和变现方式。前期可以先免费试用，培养粉丝黏性，后期让粉丝自愿续费。

6. 写书、卖版权

写书和卖版权，这应该是所有写作者最喜欢的一种变现方式。出书有版税收入，如果作品被看中拍成影视剧，那就会有更多的收入。

这部分我就不展开说了，对于写作新手来说，知道有这样一种变现方式就好，我们还是要先写起来，争取早日写出人生的第一本书。

7. 项目合作

参与一个项目，就不是仅仅拿文案写作的钱，而是可以共享整个项目的收益。

第五节　写作助力你对抗生活的不确定性

我有位朋友在知名的互联网企业工作了 10 年，到最后却没有躲过“解雇”潮。

身为普通人，我们该如何在这个时代找到自己的安全感？如何应对不确定性？显然一份工作是无法给予我们足够的安全感的。这也是为什么副业、个人品牌如此之火的原因，而无论你选择什么作为副业，写作都是你必不可少的一个技能，而且也有可能转换成为一个不错的副业。

如今的时代给予我们很多的机会，人人都可以拥有自己的自媒体。我从开始写自媒体文章以来，已经写了近 600 篇，每篇按 3000 字来算，至少有 180 万字。持续写作给我带来的资源和机会，让我有勇气离开职场全职写作，将日子过成了自己喜欢的样子。

我和专注整理的慧敏老师、专注形象美学的思婷、CICI 老师合开线下课，让我的单次收入首次突破了 2 万多元；在前公司老板的引荐下，被某银行邀请去讲课；被行动派大学多次邀请做分享；被深圳广播电台邀请做分享。而且通过写作，我还将客户噜啦啦变成了闺蜜，继而因为噜啦啦，我又认识了闺蜜婷婷、我的人生榜样琪姐，我们一起创业一起成长，这些美好的人和事，都是写作带给我的。那么，写作是如何帮助我们对抗生活的不确定性的呢？我觉得最重要的一点，就是写作能让我们撬动更多的资源。我总结了 3 点，具体如下。

1. 写作能让更多的人知道你

我们知道，所有资源能够对接的前提都是彼此之间要够了解，而你持续输出的文字就可以让更多的人了解你，哪怕你睡觉了，你的文字也能替你和人沟通。每个人都有自己的特质，通过文字反而能吸引喜欢你这个特质的人。

2. 让每个人了解你所擅长的

人和人之间之所以合作，是因为在某些维度上可以相互支持或者赋能，比如，我擅长写作，通过文章把这个信息分享出去，需要写文案的人就会找到我。

3. 能为别人提供价值

我们输出的文字，其实也会为别人提供实用的干货，当别人有这个需求的时候，就会与你产生连接。比如，我会在文章中定期分享写作干货，就有好几个公司想要邀请我一起合作，这就是因为我先为别人提供了价值，继而别人想要合作的时候，自然会优先想到我。

所以，只要你持续写作输出，就可以撬动更多的资源。那具体如何通过写作撬动更多资源呢？我还是总结了 3 点：爆款文、畅销书、持续输出。

1. 爆款文

我在学习新媒体写作后的第三个月，就写出了一篇爆款文《闺蜜的格局，决定你的人生层次》，全网阅读量过千万，如果你没有看过，可以搜索看看，是首发在公众号富兰克林读书俱乐部的。

当时那篇文章出来后，就有其他公众号的编辑来找我约稿，而这些编辑，就是资源。

我在知乎还出过一篇爆款文，点赞达到 2 万。我第一本书的编辑，就是在知乎看到了我这篇文章，找到我问我要不要出书，当时刚好我也想出书，然后我们就很快达成了共识。我的那篇爆款文，帮我吸引到了认可我的编辑。

所以，爆款文是帮助我们撬动资源很好的一个方法。

2. 畅销书

这个就更好理解了，我之所以要写这本书，除了要系统地整理自己关于写作的认知和方法论以外，也希望我的书能够畅销，能够给我带来更多的资源。所以，如果你也喜欢写作，抑或你有自己很擅长的领域，就建议你把出书这件事情提上日程，因为出书有个过程，不是你想出就能出的，越早准备越好。

3. 持续输出

为什么要坚持不懈地输出呢？因为爆款文和畅销书都不是我们想要就能有的，有很多不确定性因素，唯有持续写作，是你可以控制的。我们可能写不出爆款文和畅销书，但我们一定可以持续写作。

所以，如果你也对未来的不确定性有担忧，那就让我们一起写作吧。

第六节　写作助力你的职场晋升

会写作的人，在职场更容易成功，自古至今有很多这样的案例。

古代司马相如靠写得一手好文章，踏上了人生巅峰：因《子虚赋》入了汉武帝的眼，又因《上林赋》被汉武帝封为郎。英国作家 J.K. 罗琳靠写作完成了人生的逆袭：因为写了《哈利·波特》系列小说，不但跻身名人的行列，还被英国皇室授予荣誉勋爵。

我的第一份正式工作是文案策划，结果我入职不到一个月，公司就给我转岗了，原因是觉得我口才还可以，又会写作，所以就给我换了一个销售类的岗位。从此我就再也没有从事过文职的工作，但其实我发现，我所有的工作都离不开写作，小到会议纪要，大到项目提案，因为我有一定的写作功底，在工作中也确实有优势。

如果留意现在的招聘广告，就会发现很多职位都要求会写，所以写作可以助力你的职场晋升。亚马逊公司就有个规定，如果开会不用 PPT，而是用 6 页纸的备忘录。创始人 CEO 贝索斯不是让高管们通过头脑风暴来获得好想法，而是让他们提交高度浓缩的 6 页备忘录。通过写备忘录，要求他的团队非常仔细地考虑自己的想法。

其实在职场，写作是无处不在的，平日里的工作计划、复盘、会议纪要、项目提案、年终总结报告，甚至要申请调岗、加薪，都需要写作。会写作，你做起这些事情来就能驾轻就熟，不会有任何的压力，而且无论你在什么岗位，都会是加分项。

如果你现在拥有一份工作，可以不要着急全职写作，完全可以让写作助力你的职业发展，升职加薪不也是属于写作变现吗？

第七节　写作能让你时刻反省亲密关系

我有个特别有意思的发现，就是写作的人，尤其是女生，一般亲密关系都会越来越好。因为写作有一个很重要的作用就是自我对话，当你开始敲打文字，其实就是在和另外一个自己对话。而这样的对话能够让我们反省亲密关系，无论你写的是什么文体。

2016年刚开始写自媒体文章的时候，我写了非常多的情感文。每当我写一篇文章时，都会全程反思一遍自己的亲密关系，无论是和先生的、女儿的还是父母的，写到感动的地方，我就越发感恩自己能被人所爱。而在写作的过程中，因为要剖析讲道理，我也会不断反思我自己是否在相处的细节上处理妥当。

比如，我在写《〈知否知否应是绿肥红瘦〉：婚姻中女人的地位是自己争取的》这篇文章的过程中，一边写一边就在脑海中浮现出自己在婚姻中的点滴，我是否在婚姻中放弃了自我成长？我在婚姻中的地位是什么样的？而且每一篇文章，我都会写一个自己的故事，这也是一个非常好的自我反省过程。

我还有个很深刻的感触，就是和我女儿晨晨的亲密关系，因为我会写作而变得特别不一样。我认为女儿是上天派来的小精灵，起初因为是职业习惯，我经常会敏感地捕捉到她一些很有趣的话，时间久了，我越来越欣赏她，所以我喊她晨晨同学，而从不认为她是我女儿。她对一些事情的看法其实是比很多成年人都通透的，如果我不会写作，没有想着去记录，就绝不会有这么深刻的感悟。

写作不仅可以让你定期反省自己的亲密关系，更重要的是，写作能让你疗愈很多关系中的伤痕，尤其是写故事的方式，你可以在写故事的过程中，把你想要说的、真正想的都表达出来，写过了，也就过去了。我有个习惯，每次心情不好的时候就写作，把大脑中的想法写出来，写着写着，很多烦恼都会释然，这个方法真的是屡试不爽。

这也是我开始对写作疗愈感兴趣的一个原因，文字是可以让我们完成自我疗愈的。

第八节 写作是有效且低成本的自我疗愈方法

提到自我疗愈，你首先想到的是什么？身心灵？按摩？以前我总觉得自我疗愈是一件高难度的事情，都是要有心理咨询专业知识和背景的人才拥有的能力。所以在2021年之前，我从未把写作和自我疗愈结合起来。

直到有一天，我遇到一件特别伤心的事情，我有写日记的习惯，于是我就选择一个人在家的时候，把事情的来龙去脉写在本子上，过程中想哭的时候我也没有停下来，就让眼泪流下来。就这样不知不觉地写了很久，当收笔的时候，我忽然发现我没有那么难过了，而且想通了很多之前想不明白的事。

这让我想起了之前认识的一位前辈，当初她就是主打写作疗愈的，还邀请我听过她的课程，她会有一些引导，然后让大家写出自己在写作过程中身心发生的一些变化。当初我真的没有任何感觉，自然也不以为然。

当我自己切身感受到，写作原来是真的可以自我疗愈的时候，我开始意识到，其实就疗愈方式来说，写作是有效的而且成本非常低。你只要有时间坐下来写就可以了，用纸和笔、用电脑打字、用语音输入都是可以的，而且你随时随地都可以开始，也无须预约等待。

自我疗愈的书写方法就是我前面提到的自由书写，你无须在乎写得如何，心里怎么想的直接写出来就好了。而且在写作的过程中，你会发现很多时候自己并不了解自己真实的想法，你居然是自己“最熟悉的陌生人”。因为你一旦开始写作，你的世界里就只有你自己，而且是最真实的那个自己，这样你就可以听见自己真正的声音，看见自己真正的需求。

大家都知道，看见即疗愈，而写作是最好的看见自己的方式。我有个学员，因为原生家庭的影响，有很多自己不认可的“内在小孩”，我就鼓励她写出来，比如，写自卑的“小孩”，不认可自己的“小孩”等，每次写完一个“小孩”，其实都是一次自我疗愈。我还和她约定，要将其自我疗愈的过程形成一本书，相信一定可以帮助到更多人。

美国作家、写作教师纳塔莉·戈德堡在《不安的时候，坐下来写》中提到过这样一句话，创造出一个空间，和心联结，在无常、无我与归零的智慧里深耕自己。也就是说，其实通过书写看见自我的过程，也是一个深耕自己的过程，因为通过写作我们可以梳理出让自己痛苦的、内心产生冲突的真正来源，可以通过不断发问自己的方式向内探索，找到埋藏在你内心不愿提及的过往，甚至那些不愿让除了自己以外的任何第三方了解的事情。

当我意识到这一点，也就很好地解释了为什么我并没有受到太多原生家庭的牵绊。从小我就有写日记的习惯，小时候的日记我现在都还带在身边，当初在家里受到的委屈、在学校受到的委屈、青春期懵懂的情感等，这些都被我用文字记录下来，我也完成了自我疗愈。

所以，哪怕你并不想通过写作变现，你也可以通过写作完成自我疗愈。

第九节　写作让你和世界联结

这一节内容是我在完成书稿后新增加的，这缘起于一个故事。

我的一个学员，她想要写的第一本书是和她自己所从事的专业领域相关的，相对比较冷门，我们初步梳理完大纲之后，她就去深圳的图书馆查阅资料。她说当她翻到几十年前国外一个人写的相关领域的书籍时，她内心特别激动。因为在此之前她并不认识这个人，却在几十年后在完全不同的国度里，读到了他的文字，读的时候就好像在和一个前辈进行交流。

在这之前她还纠结于书的生命周期，她担心自己花了很多时间和精力写出来的书，也就只能在某个时间段有用。这个体验让她意识到，时代会发展，但历史永远都不会因为过去了就不存在了，而书本就是最好的一种记录。无论将来我们魂归何处，我们的灵魂都将会以文字的形式和不同时代的人一次又一次地相遇、碰撞、交流。

对于创作文字的人来说，其实就是通过文字让自己和这个世界有了跨时空的联结。你是不是也有过这样的体验？你想要了解一个知识点，在网上一搜，随后全世界相关的文章都会被搜索出来，而你就和某个地方从未谋面的那个写字的人产生了联结。

还有一种情况，你在刷手机或者浏览网页时，看到了一篇触动你的文章，你在文章中找到了作者的联系方式，然后你们加了微信，或许恰好你们都在一个城市，于是你们见面了，从此你们就成了文友。这就是写作让我们和世界联结的方式。当初我从原来的公司辞职后，就去武汉见汤小小老师，而在这之前，我们只是读过彼此的文章，我上过她的写作课，然后再无交集。但也正是因为从文章中相互了解，所以见面后并没有太多的陌生感，而且汤小小老师还邀请我与她合作。

同时，很多文友通过文字，未曾见面便早就“相熟”了。2023 年开始我每到一个城市都会组织文友聚会，大家虽初次见面却会有久别重逢的默契，能很自然地聊到一起，这也是文字带给我的。

所以，你持续输出的那些文字，让你的思想拥有了通往世界任何角落的可行性，也是让你和宇宙联结的一种方式。

第十节　小练习

（1）写作变现的 4 个正确心态，你拥有几个？

（2）7 种变现途径你选择了几个？为什么如此选择？你接下来的规划是什么？

（3）无论此时此刻你身处何地，都用笔记录下你看到的、听到的、你的内心感受。

（4）职场上你在什么情况下会用到写作？

（5）如果让你通过一本书联结到一个作者，你最想链接谁？为什么？

写在最后：写作新手如何出版人生的第一本书

为什么最后要写这一章呢？因为这本书我并没有写太多和写书有关的内容，很多文友都会觉得出书距离自己很遥远，但其实只要你的内容够好，你一定能出版人生第一本书。

那么，请你认真想一想，如果你此刻在手上拿着你的新书，那你看见书的名字是什么？书的封面是什么样的？你这本书的内容主要是什么？你轻轻抚摸着这本书，你的感受是什么？你靠近书，还能闻到书上油墨的味道，你的心情是什么样的？

过程中无论出现任何的想法，你都可以用盲写的方式记录下来。也就是说，你一定要坚信自己可以出一本书，尤其对于写作新手来说，哪怕你没有想过要出版，也可以先写出来。

市面上的书很多，对于写作新手来说，我认为就分为两种：一种是重在分享具体的知识，包括方法、工具使用之类的；一种是重在传递情感价值，比如散文、小说、诗歌。我的第一本书就归为这一类。这两类书的内容也会有一定程度的交织，像我这本书，主要是分享写作技巧的，但也融入了我写作的故事。

无论写哪一类的书，都可以锻炼我们的系统思维、逻辑思维、归纳总结能力和说服力，而且写一本书还可以让我们形成自己的知识框架和体系。因为在写书的过程中，有时会遇到自己不太懂或拿不准的知识点，这时需要查阅很多资料，去学习、研究，这个过程能弥补自己的知识短板，让知识体系更加严密和完善。

写书分两种情况，一种是我们自己要写，一种收到编辑的邀请。我的第一本书就是编辑主动找我合作的，所以前期的选题和后期的营销，我都没有过多地参与，只负责提供书稿。

对于写作新手来说，能被编辑约稿的机会比较少，但无论哪种方式，我们都得先有作品，这也是为什么在技巧部分，我只分享了自媒体文章的具体写法，当你掌握了文章的写法，就可以写书了。

写一本书确实是大工程，过程也会比较枯燥。但是当你把这个过程划分成一个一个可以切实可行的步骤时，就会发现写书其实是一个特别有趣的经历。

写书就好比我们创造了一个自己引以为豪的产品，我将它拆解为 6 个步骤，哪怕你从未写过书，看完这 6 个步骤，你也一定能学会写书了。

第一步：要有想写书的念头

在《圈外编辑》这本书中提到，做书重要的不是技术，唯一关键的只有“想要做一本书的强烈念头”，其实写书也是同样的道理，第一步就是你要有想要写书的念头。

第二步：定主题

当你下定决心要写一本书时，首先思考的是你要写什么主题。无论写什么，都需要先定主题。你可以从下面几个角度去思考。

这本书写给谁看？

为什么这类人会看书？

他们想看怎样的书？

第三步：写大纲

当定好了主题，就要写书的大纲，相信你已经发现了，这个步骤和我们写一篇文章其实非常类似，只是写一本书要比写一篇文章复杂多了。

书的大纲特别重要，因为这就像盖房子，得把整体结构定下来。你可以从下面几个角度去思考。

准备分几章？

每章分几个小节？

章节之间用什么逻辑顺序？

第四步：写样章

如果你决定一边写一边找出版社，那你就要先写样章，因为出版社在签约之前，都要先看样章。如果你想要一口气写完，那就按照大纲的顺序写就好了。

第五步：完稿

在写书的过程中，虽然有了大纲，但是不一定要百分之百按照大纲来写。写书过程中，千万不要边写边改，最好一口气写完。如果碰到写得不顺的章节，可以暂停，继续写下一章。你必须遏制住你内心的批判精神，逼自己写完书稿。

第六步：修改

最后一步就是修改了。一般建议写完书之后暂时搁置几天甚至一个月再重新修改。我有一个习惯，就是在修改书稿之前会先看一本我特别喜欢的书，然后接着看自己的书，这样就可以更好地发现自己的书哪里还可以更好。我帮人修改书稿之前，也都会先看一本同类型的书。

写书毕竟是个大工程，决定书写之前一定要做好这 3 个准备。

第一，要有一个专属于自己的写作空间。

因为写作本身是内心与自己格斗的过程，写书更是如此，所以有一个属于自己的空间就特别重要。不一定是一个房间，也可以是一张桌子，或者家里的任何一个角落。当你进入这个空间，你就知道要写书了，这样做的好处就是能够让你把现实生活和写作生活隔开。

第二，适合自己的写作工具。

现在大家都是用电脑写作，能有一台自己专属的电脑是最好的。

第三，给自己定个计划。

一定要定个计划，比如多久写完，或者每天写多少字，不然这本书就会一直写下去。建议可以设定每天的字数，这样会让写书这件事情变得渺小和可实现。

当然这个也看具体情况，有时候我们因为自我迭代，书稿的完稿日期就会延后，但建议大家先写出一个版本。

总之，先写起来是最重要的！

附录

20个常见写作问题的解答

这些都是学员问过的极有代表性的问题，我从中挑选了20个做了回复，你也可以看看，是不是也有同样的疑问。

1. 老师的文章中有很多心理学方面的知识，还有很多文学方面的，文采很好。每次写文章之前都需要刻意找到这些写作资料再动笔吗？那些心理学知识、好的句子段落是在哪里找到的？

答：心理学方面的一些理论主要来源于心理学类的书籍，有些是平时就积累在素材库里面的，即使早先看过的书和理论很有可能都忘记了，但是你至少能够记得一些关键词，那么你结合自己的文章主题思想，去素材库里面找，找到契合的就可以拿出来使用了。

同时你也可以在网络上临时搜索，然后筛选有效信息为自己的文章服务。至于文采这个不是一蹴而就的，需要你长期地练习输入。要多读多看多积累，扩充自己的词汇量。

在每次动笔之前，要先把资料和素材准备齐全，这就像做饭一样，你肯定是先把菜都买回来，然后再开始洗菜切菜做饭吧，不可能做到一半或是炒完一个菜，再去买另一个菜。在动笔之前，你要先搭配好文章结构，整理好写作思路，准备好素材，然后才能做到下笔如有神，顺畅地把一篇文章完整地写出来。

至于名人名言，你可以去网上搜索，也可以买纸质的名人名言类书籍查看。但是评论性的语言、句子或段落，要自己写，自己去打磨思考，怎么样写出更优美动人的语言，这都是需要长期坚持练习的。

2. 请问写一篇自媒体观点文应该到哪些地方去搜集资料？

答：搜集资料的渠道有很多，首先一定要建立自己的素材库，把你听到、看到、想到的东西都分门别类整理到素材库，以备不时之需，否则你要写文章的时候脑袋空空无从下手。还有一个就是临时搜索。通过百度可以解决我们百分之八十的问题，除了百度你还可以用搜狗去搜索，搜狗的搜索范围可能要大一些，包括一些公众号文章页会搜出来，也可以看看是否有可用素材。

当然，我建议不要全部寄希望于临时的搜索，而是把重点放在你平时的积累上。除了搜索资料以外，生活中随时随地都有写作素材和资料。比如，你看的书、电影电视剧、综艺节目、微博、微信、朋友圈、知乎、新闻、短视频、抖音，到处都可以成为你写作素材的来源地。

3. 低学历、逻辑思维不够严谨，认知又很片面的人适合写观点文吗？总觉得自己写得不够深刻，文章东拼西凑，怎么办？

答：学历低不是问题，也不应该成为一个人自暴自弃的借口。很多学历低的人，反而能够在长期坚持写作与学习中取得比别人更好的成绩。沈从文只小学毕业，却写出了那么多脍炙人口的作品，成为中国著名的作家。还有之前看过一个新闻，一个宿管阿姨，也是靠自己写文章写出名了。诗人余秀华也没什么学历，她也靠自己写诗写出名了，还出书了。

逻辑思维不够严谨，看问题片面的话，你就更应该学习写作。写作非常能够锻炼一个人的逻辑思维能力和表达能力。因为在思考的过程中，你首先要说服自己，你会不断地深入思考，在思考构思的过程中理顺自己的思路，这个过程就是在锻炼你的逻辑思维能力。

观点片面的问题很多人都会有，这和一个人的人生阅历有关系，但是有时候我们发现一些很年轻的人他思考问题非常全面，也很严谨，这是长期思考锻炼的一个结果。你看到一个问题，要尝试从多个角度去思考，预设一下可能产生的问题，以及读者感兴趣的方面，刻意引导自己去打开思维，通过发散性思维训练法可以让自己的认知更全面。

写文章东拼西凑不够深刻，就是因为认知不够深刻、思考不够深入，别人看到的方面你看不到，别人能表述出来你却表述不出来。

4. 我们应该怎样去切素材？

答：当我们看到一个新闻、一个素材、或者听到一个对话、看了一部电视剧时，你首先要对这个可能成为写作素材的东西有一个自己的看法和感想，也就是我们通常所说的触点。有了这么一个触点，你才可能将看到的新闻事件等转化成为写作中使用的素材。那么如何寻找这个触点，从而更好地转化成文章的可用素材呢？

你一定要全方位、多维度地去分析这个事件。正面、反面，人物、事件以及大家的看法和评论都去看一下，分析一下，然后寻找一个比较独特的角度，从这个角度中拎出一个观点来切入。一个素材往往有很多种切入角度。一千个读者心中有一千个哈姆雷特，每个人的看法都不同，你可以从自己独特的角度切入，但是一定要和故事相契合，你做到能够自圆其说就可以了。

5. 爆款文的每个小故事都很耐人寻味，那我们要如何准确地搜集到文章所需的故事呢？

答：想要准确搜集到文章所需的故事，文章的主题一定要明确，然后围绕关键词去搜索相关故事，并且判断是否和你的观点契合，找到最契合观点的素材就行了。

而想要有耐人寻味、独特又新颖的小故事，那就需要你比别人多看多读。比如，我们从某一本书里看到一个故事，别人如果没看过那本书，那么这时候你用这个案例就是你的独家素材。尽量不要去用那些流于俗套烂大街的故事案例。

6. 平时看书的里面的名人小故事或者名人名言金句是否可以直接收集到素材库里，自己写作时直接引用？

答：从书里面摘抄出来的名人名言、名人故事或者金句都可以直接收集到素材库里面。比如，我们如果用微信读书看一本书，发现里面有一些有用的素材，这时候你就可以直接复制收集起来。当你日后写作中需要用到的时候，名人名言一定要带上名字，是哪个名人说的。

作者的金句你拿来用的时候也要带上名字，比如，我们经常在文章中看到“作家某某某说……”，说明这种素材大部分来源于那个作家的作品。而故事案例，你在写文章的时候可以拿来当作案例使用，但是使用的时候要说明具体出处，故事的内容需要用自己的语言去描述出来，而不能直接把人家的原话复制过来，这一方面可能会使你的文章不太精练，另一方面也存在版权隐患。

7. 怎么样确认自己擅长写观点文还是故事文？

答：建议你可以结合 3 个维度来判断：第一个是我喜欢，第二 个是我适合，第三个是我能够持续输出。

比如，对于我来说，我是喜欢写有价值能够输出观点的文章，所以我不太喜欢写那些狗血故事。而适合如何来界定呢，比如，你写观点文可能很费劲，憋半天写不出来一篇，但是写故事文就能够文思泉涌很快写出来一篇，这就说明你比较适合写故事文。还有就是你能够持续输出的是什么，有很多作者是各种类型都能写，但不一定每个人都这样，你要各种类型都尝试一下，才知道你写哪种类型的文章写得好。

我最开始也写过故事文，后来发现自己还是比较喜欢写观点文，所以就放弃了写故事文。一旦确定方向，我们就要朝着这个方向深耕下去。

8. 如何提升文章的高度？我感觉自己的素材大都是身边的小事，写出来比较普通。

答：文章的高度首先体现在你这一篇文章的选题立意上，选题足够好，立意足够独特，那么你的文章总体来说看起来会高级很多。同时，如果你的素材支撑起的观点比较深刻，你的评论比较到位，再加上一些金句，也都能拔高文章的高度。文章的高度和深度，以及你评论的深刻程度，都需要在不断的写作进阶中慢慢提升。

比如，我现在写得多了，再回过头去看最初写的文章，就会觉得好幼稚好浅显，这是一个好事，说明你在写的过程中有不断的进步。对于写作经验还不够、没掌握技巧的人来说，一下子谈文章高度有点夸大了，我们先要学会走路，然后才是跑步。而且自己的素材都是身边的小事也没关系，就是身边的小事才接地气有感染力，更加真实，很多公众号反而希望能够有这样一些身边的真实经历作为素材。

如果通篇都写名人明星，反而显得不那么真实接地气，读者可能会觉得，他们都是名人明星，有特殊身份，所以文章读起来带入感就没有那么强。很多文章经常也会用到作者个人的故事或者身边亲朋好友的故事，这其实更加容易引起共鸣。

当然，在写的时候，选取什么样的故事作为案例，要有技巧。不要把什么陈芝麻烂谷子的小事都拿来说，你要从身边的故事中提炼出能够让大部分人产生共鸣的问题和故事来说，并且你在写的过程中要注意处理好这个故事，不要变成自嗨的随笔，要从你的故事中提炼出道理来，这样就不会那么平淡了。

9. 我觉得我的执行力不行，写作这件事情总是坚持不下去怎么办？

答：无法持续行动，第一个原因是你不知道你做这件事情的初心是什么，所以你走着走着就会很迷茫；第二个原因是你不知道如何开始做一件事情，你也会很迷茫。第三个，你没有尝过做这件事情的甜头。

以写作为例，如果说你根本不知道自己为何写作，只是看人家写，你也跟着写的话，写着写着，你就会很迷茫，哪怕赚到稿费了，你也会觉得很累，因为你不知道你的初心。像我的话就非常清楚，我原来就很热爱写作，我觉得我应该写一本书，影响更多的人。现在我又找到了新的初心，那就是我要帮助更多人写出人生的第一本书。我觉得干这件事情让我充满激情，所以我就不会坚持不下去。

第二个就是你不知道如何开始做一件事情。有很多小伙伴说，想通过写作变现怎么办？你不知道如何开始也的确是很难走下去的，这也是为什么我会开办写作课，以及为何写这本书的原因。

第三个就是你没有尝试过这件事情的甜头，比如，你根本就没有赚过稿费，所以你就觉得坚持不下去，或者你想减肥，你都没有感受到你瘦了以后有多漂亮，所以也就坚持不下去了。

我们来看一下具体的解决办法。

第一个就是要找到初心，能够让你有持续行动的原动力。

第二就是要得到及时的反馈，能够让你有持续行动的持久力。比如发到一些自媒体平台，就会有读者阅读给你留言反馈，或者发给自己的亲朋好友，也是可以很快得到反馈的。

10. 家人总是劝我重新转入销售行业，别再写文章了，又没有出路，做销售与写文章真的不能两者兼顾吗？

答：首先，我不知道你家人说没有出路是什么意思，是觉得你写作没有赚到钱吗？其实写作变现还包括间接变现，你转型做销售，如果你的客户看到你的文章继而找你下单，这也是在给你带来业绩啊。

其次，做销售员与写文章真的不能两者兼顾吗？我从来不觉得。当初我上班的时候，有一个月发表了 24 篇文章，当时我是在一家上市公司做高管，我都是利用休息时间写。所以只要你愿意，什么情况下你都可以开始写作。

11. 有时候写着写着，发现写不下去了，怎么办？

答：这个问题问得特别好，这也是我经常会被问到的问题。我会这样去想这个问题，如果写着写着写不下去了，原则上来说，那我们就不写了，是吧？因为都写不下去了，强迫自己写也是很难受的。不过从另外一个维度来说，一定是你的写作方法有问题，你需要系统学习写作技巧。

12. 写得很慢怎么办？

答：很慢，到底有多慢？是 1 小时写一篇文章，还是两小时写一篇文章，还是 3 小时写一篇文章，还是一个月都写不出来一篇文章，这一点你要先明确。其次，你觉得多久写一篇文章才满意？

每一个人的状况是不一样的。比如，我有时候写一篇文章可能要好多天，不停地修改不停地打磨，但有时候在心流状态下，可能一个多小时就能写完3000多字的文章，这个是不一样的。因此，你得到有一个合理的心理预期，知道多久写完一篇文章是正常的。

13. 新媒体作者平时阅读学习一些什么样的书籍，有利于提升写作水平？

答：我建议书单最好是自己整理，就写作技巧而言，我强烈推荐大家都去看一下《金字塔原理》。它有助于我们去梳理自己的逻辑思维能力，因为写观点文关键得有逻辑思考，而且文章的提纲架构这些也是比较符合逻辑的，有深度的。

同时我建议大家可以多看一些历史书，名人传记，还有文学类的书籍。因为这些书里面会给你提供一些观点，尤其是文学类的书，里面的人物故事都是非常丰富的，它们可以成为你文章里面的案例。

大家也可以多看一些思维认知类的书，这个也有助于你更新自己的观点。

14. 什么时候可以像老师一样全职写作？

答：其实我上山口拓郎老师的线下课时，也问了他这样一个问题，当时跟你此刻的心情是一模一样的。

因为我特别热爱写作，我希望自己可以每天在家里写作，而不用为工作去烦恼。当时他就给了我建议，说你现在就可以开始写，直到有一天发现你的写作收入已经超过了你正常的工作收入，或者说你已经攒够了钱，让自己可以在一年两年里面，或者几个月里面没有收入也能够活下去，这时候你就可以选择全职写作了。

其实这个选择并不是一件非常难的事情，还是要结合你自己的情况。比如，你现在本身就不缺钱，财务已经完全自由了，那你明天就可以辞职开始全职写作了。如果你财务还没有自由，你还要为吃饱而发愁，所以还是要珍惜现在的工作。

关于这个问题，我也再多补充一下，因为大部分写作新手刚开始都是兼职写作的，我在跟很多人交流的过程中发现，有的文友开始写作了以后，就很反感本职工作，感觉工作占用了自己大把的时间。这种心态是非常不正确的，为什么？因为工作是让你能够吃饱饭活下去的根本，没有工作就没有收入，没有收入你都无法生活，又怎么能写作呢？

所以大家一定要珍惜和认真对待你的工作，当你非常努力地去对待你的工作的时候，你会发现，工作中的每一天也会带给你源源不断的灵感和素材。

而且，你想过没有，你跟所有上班的人不一样的地方，是你比别人多赚了一份工资，多坚持了一个爱好，你应该非常感谢你的工作才对。所以我不建议大家一开始就很着急地说要去辞职全职写作，我觉得我们还没有达到灵感多到一天需要 24 小时去创作的程度。我的建议就是这些，希望可以对你有所启发。

15. 新媒体文写作有一定的技巧，那么如何在掌握技巧的基础上再提升？

答：这个问题是大部分写作新手都会面临的，我在写了一段时间之后，也同样面临这样一个困惑。后来因为一个手工包的故事，我的困惑就不见了。

其实，随着输出越来越多，我们就会找到自己文章的风格，像我目前在自媒体平台写的文章，就是讲完道理后会总结出具体可落地执行的技巧方法，也就是干货。因为我发现很多人写的鸡汤没有什么干货，所以大家就会觉得读完没什么用，而只写干货大家可能也会觉得有点烧脑。

所以，我希望我可以把鸡汤和干货融合在一起，既给大家一些正面激励同时又有一些切实可行的方法，这是我在写作两年之后自己摸索出来的，我也正在践行。至于最终你的写作风格是什么，你可以先去写，写着写着没准就找到了。

16. 忽然有一段时间，写不出东西了，怎么办?

答：这种体验我也有过，后来我冷静分析了一下，是因为我自己发生了一些事情，正在做调整，所以心态上有些动荡，整个人的思维也有些混乱。但是当梳理清楚之后，我发现，那个有着源源不断灵感的我又回来了。所以，如果你发现自己卡住写不动了，先不要怀疑自己的写作能力，而是应该冷静地去想一想这几个问题。

（1）目前生活和工作都是顺心如意的吗?

（2）每天有固定的写作时间吗?

（3）有做到随时随地收集素材吗?

（4）有做到在独立写作时，至少有两个以上的选题准备吗?

（5）有做到在独立写作时，已经准备好素材了吗?

自检一下，如果这 5 点有任何一点你没有做到，你都要先去想办法解决。

17. 总担心写不好怎么办？

答：这个问题其实写作新手都会遇到，但没什么捷径，没有人确保你能多久学会一个技能，尤其是写作，唯一的技巧就是一直写，而且也谈不上写得好或者不好，因为一旦开始写作，这将是一辈子修行的问题。我认为好文章不是写出来的，而是活出来的，一旦开始写作，就应该更多地关注如何在生活中修行，更深入地去感受周围的世界，这样你的文章自然而然地就会不断迭代。

18. 感觉自己想要写的观点都被写过了，怎么办？

答：如今基本上你很难找到没有被写过的选题，但是只要你没有写过就好了，而且就算你写过了，一旦有了新的感悟，完全可以重新写一遍。写作原本就是一个记录并且分享自己观点的过程，人都是在不断成长的，你的观点也在不断成长，只要把它们分享出去，看到的人有所触动，这些文字就是有意义的。

19. 如何才能通过写作提升个人影响力？

记得有人在微博上问蔡澜先生：想要成为一个厉害的烘焙师最重要的是什么呢？先生的回复是：不断烘焙。所以，如何才能成为一名优秀的作者甚至是有影响力的作家？答案就是一直写。

写作说白了，终究是你自己的事情，在写作过程中，你只有你自己，没有任何外界的事物，你要把写作当成和自己的一个深度交流，就像冥想静坐一样，每天固定时间固定地点去写下一些文字。这个过程中不要去想变现、阅读量，不要去想别人怎么看，尽管去享受你的文字从你的心里流淌出来，这就够了。剩下的，我们交给时间。

我也是通过持续写作，打造了个人品牌，提升了影响力。

20. 每次确定写作内容都很纠结，感觉这也想写那也想写，不知如何快速抉择，而且总觉得脑子里有故事，但是不知道如何表述才能更打动人。

感觉大家都很喜欢“快速”，其实完全不用那么着急，尤其是写作，更是急不得。想写的很多，可以把它们都罗列出来，再一个一个地写。另外，既然脑子里有故事，就不要关注能不能打动人，而是先写出来，因为写出来以后是可以不断修改的，而且写故事的能力也需要通过练习才能提升。

后　记

2021 年的大年初二，家人还在熟睡，我一个人坐在电脑旁开始写这本书。这也是我一天中最幸福的时刻，听着敲打键盘的噼里啪啦声，我的脚底升起了一股神奇的力量，有些暖、有些酥，一直冲到了头顶。

我回顾了成年后的写作历程，不知不觉居然已经写了 5 年。为什么说是成年之后呢？因为从小我就特别喜欢写作，10 岁那年就发愿要成为一名作家，出一本自己的书。小学到高中都是语文课代表，大学读的是中文系汉语言文学专业，是校文学社和记者站的积极分子，大四做了一年的实习记者。只可惜，我和大多数有作家梦的人一样，毕业后为了生计，暂时搁置了梦想。说到我为什么如此热爱写作，这还要回到我 10 岁那年。当时我们全家从甘肃天水市清水县一个小村庄移民到了新疆建设兵团，亲戚都在老家，和他们的联系主要就是写信。

有一天傍晚，六七点钟吧，新疆的太阳还没有落山，我从外面回到家，推开卧室的门，看见妈妈一个人坐在床边，一边翻着手里的东西一边用手擦眼泪。我能清楚地听到妈妈低微的抽泣声。

可能太投入了，妈妈并没有发现站在门口的我。

此刻闭上眼睛，我还能清楚地回忆起当初我的感觉，有些震惊，更多的是好奇，平日里坚强乐观的妈妈为什么会哭泣？她手里拿的又是什么？

那会儿我对妈妈的感情，敬畏更多一些，平日里没有太多交流，只知道她为了赚钱供我们姐妹读书，非常辛苦，所以我在学校就努力学习，周末回家就抢着干家务、去地里帮忙，唯一的心愿就是不让妈妈为我们操心。

所以看到妈妈在哭，我特别害怕，不知道是害怕被妈妈发现，还是害怕妈妈哭泣背后的故事。我们搬到新疆的时候，姥姥、姥爷和爷爷都还在世，妈妈如此伤心，莫不是老家出了什么事？

记忆中我悄悄退了出去，在院子里找了一个角落待着，直到看见妈妈走出院子，我才假装刚从外面回来。得知妈妈要去井边打水，那会儿我们家还没有自来水——我就迫不及待地跑到妈妈刚才哭泣的房间。

刚才妈妈是坐在床边的，那会儿我们家里没有书桌，平时我们写作业，都是把床上的褥子掀起来，木板床就是我们的书桌。于是我掀开了褥子，大概有10封信，整齐地出现在我的面前。我拿起一封最新的，打开，然后我就被击中了，不是被信中的文字，而是信纸上一滴一滴还未干的眼泪。

这是妈妈的眼泪，她刚才是对着这封信在哭，而这封信不是妈妈收到的，是她写给姥姥姥爷的。她在信中说这里一切都好，我们姐妹学习好，生活条件也比老家更好。具体内容我不记得了，只是那一刻，我意识到原来文字可以有这样穿透人心的力量，不但可以把任何想说的话写出来，而且对方还能感应到。

那个年龄的我，还是很懵懂的，只是那个下午，文字就在我的心里种了一颗种子。再后来很多家信都是妈妈口述我代笔，每次聊到一些事情，妈妈还是会红了眼眶，而我也一定会尽力把爸爸妈妈对亲人的思念融入文字。

开始写作文以后，老师们一致认为我的作文写得很好，基本上都是班级里的范文，而且我记得很清楚，小学的时候，语文老师还安排我给低年级的学生分享如何写作文。

那时我也开始接触到一些期刊，看到上面有征稿，我就投稿，自然是各种被拒稿，因为完全没有人指导，我就是凭借自己的感觉去写。特别幸运的是，《小学生跟我学》杂志的一位编辑手写了一封回信给我，虽然是拒稿信，但是他告诉我，我是个非常有才华的女孩子，让我一定要坚持写下去。

于是我就继续投稿，人生的第一篇文章被发表，也是在这本杂志上。而实际上，文章被修改得非常多，还把我的名字也写错了，但我的作文被印刷在了书上这件事对我很重要，让我开始真切地感受到，原来我不仅仅是喜欢，而是真的有天赋。于是我就不断参加各种征文比赛，得了一些奖，那会儿的证书都是要钱的，一般 20 元，要知道这 20 元对我们家来说也是很大一笔钱，但爸妈都是支持我的。

一路走来，真的特别感恩父母对我的支持。因为太喜欢写作了，大学的专业全部选择中文系，没有按照父母的期望去当老师。

他们虽然口头上不满意，但最终依然支持我的选择。

感恩我的 3 个妹妹，虽然嘴上说不支持我写作，但总是以各种方式呵护我的梦想。

感恩学生时代的语文老师，是他们对我作文的认可，让我坚定自己在写作方面是有天赋的。特别感恩初中高中的语文老师叶侦波对我的鼓励，我始终铭记在心。临走时老师送我的书，我一直带在身边，时常翻一翻，就好像回到了当年的语文课堂。而且我在写这本书的时候，还引用了那些旧书中的一些内容。

感恩给我写拒稿信的那位编辑，是他那句“你是个非常有才华的女孩子”，默默鼓励了我这么多年。

感恩《小学生跟我学》杂志社，发表了我的第一篇文章，让我的写作梦想深深扎根。

感恩我研发写作课时第一批的合伙人铛铛娃、关宇陌、许小敏、幽若，在我整理写作经验和技巧方面给予了大力支持，也感恩所有为我付费、听过我分享的文友们，这本书中很多内容都有受到他们的启发。

感恩我第一本书的马编辑，是他从网络上找到我，出版了我人生中第一本书，让我的作家梦真正被开启。

这些年通过网络陆续接触到了非常多的和我一样从小就喜欢写作的人，只可惜，很多人因为各种各样的原因，最终没有和我一样选择和文字在一起。这也是我为什么要写这本书的原因，因为理解大家爱而不得的那种揪心，所以我一直试图用我的经历告诉大家，只要心中的那个小火苗还在，就一定能够燃起熊熊大火。

因为我能一步一步走到今天,也不是一蹴而就的。大学毕业后，我没有如愿找到一份编辑或记者的工作，而是从文员做起，为了生存，我不断转岗，远离了文字。但这个梦想一直在我心里，所以我在 2018 年 4 月毅然选择了辞职，开始全职写作，父母和家人的不理解都没能阻止我朝着梦想的方向奔跑。

2020 年我人生的第一本书出版了，我看着书上面自己的名字，看着我熟悉的那些文字真的变成了书，我的心情，你一定能懂。

重新开始写作的这 5 年，除出了一本书外，还写了上千篇自媒体文章。最重要的是，通过写作，我也发现了不同版本的自己，我一点点把日子过成了自己喜欢的样子。如今，我是一名自由撰稿人，可以一边写作一边陪女儿，用朋友噜啦啦的话来说，因为文字，我和时间成了朋友。

其实想写一本如何写作的书是我的夙愿，大纲在 2019 年就写好了，而且差点儿和出版社签约，但因为一些原因，最终没有合作成功。而我写这本书的初心很简单，就是想要通过我的经历，告诉所有热爱文字的人，只要你开始写，就一定可以出一本自己的书。你没有素材可写、没有时间，抑或你压根觉得自己一个字都写不出来。只要你读了这本书，掌握了这本书的内容，我笃定，你一定可以出一本自己的书。

如果说作品也有孕育期，那么，从我 10 岁开始，这本书已经在我身体里酝酿了27年,今年一定要出生了。我想要通过我的故事，告诉所有和我一样有写作梦想的人，写作一定能让你发现不同版本的自己，和时间成为朋友。